CW00607077

COLLECTION POÉSIE

MARIE NOËL

Les Chansons
et les Heures

Le Rosaire
des joies

Préface d'Henri Gouhier

GALLIMARD

PRÉFACE

Marie Rouget est née à Auxerre le 16 février 1883.
Marie Noël est morte à Auxerre le 23 décembre 1967.

Le nom de Marie Noël fut imprimé pour la première fois dans la Revue des Deux Mondes *du 15 juin 1910 sous cinq poèmes que l'on retrouvera dans la première édition de* Les Chansons et les Heures *en 1920, sauf un qui attendra le troisième recueil du poète* Les Chants de la Merci, *1930. Le second avait paru quelques semaines plus tôt,* Le Rosaire des joies. *Le nom de la «chanteuse d'Auxerre» est alors bien connu quand elle publie* Chants et Psaumes d'automne, *1947, puis* Chants d'arrière-saison *en 1961. On ne quitte pas la poésie en rappelant son œuvre en prose, des contes comme* La Rose rouge *et* L'Âme en peine, *des volumes de souvenirs comme* Petit-jour *et celui qui sort des presses peu avant sa mort,* Le Cru d'Auxerre[1].

Née de parents auxerrois, petite-fille d'un épicier de la place du Marché et d'un entrepreneur du quartier du Pont, gens aisés, propriétaires de maisons et de vignes, Marie Noël a passé toute sa vie — quatre-vingt-quatre ans — dans une ville de province de moyenne importance. Elle ne l'a guère quittée

---

1. Il existe deux recueils : Marie Noël, *L'Œuvre poétique,* 2ᵉ éd., Stock, 1969, et *L'Œuvre en prose,* Stock, 1976. Je cite ici d'après les éditions originales.

qu'aux vacances et pour aller à la campagne. Aucun grand voyage. Séjours à Paris sans doute assez nombreux mais jamais très longs, si l'on excepte, en 1920, trois ou quatre mois dans une maison de santé.

La vie de Marie Noël fut donc, en apparence, celle d'une jeune fille puis celle d'une vieille demoiselle, à l'ombre de la cathédrale Saint-Étienne et de l'église Saint-Pierre, sa paroisse, accomplissant ses « devoirs d'état » envers ses vieux parents, s'occupant des enfants du patronage, visitant les pauvres. De là, l'image d'un personnage pour « scène de la vie de province » au début de notre siècle. De là, l'image du poète catholique élevé dans un monde dont le centre est « Monsieur le curé » ou « Monsieur l'abbé ».

Or la réalité est bien différente. « Jamais nous n'avons reçu d'ecclésiastiques chez nous », constate Marie Noël en 1951, et, continue-t-elle, « avant ces dernières années, je n'ai jamais mis le pied dans un parloir de monastère[2]. » La petite Marie appartient à une famille où les femmes sont de bonnes catholiques mais avec des maris qui ne les accompagnent pas à la messe. Le fait que les Rouget, en 1894, aient envoyé Marie au collège de jeunes filles et non dans une institution tenue par des religieuses, ce fait montre combien ils étaient peu « cléricaux ». Mais, et voici qui va nous introduire dans un monde où la culture est une espèce de seconde nature : « Mon père, incroyant...[3] » « Mon père avait employé toutes ses forces intellectuelles à chercher Dieu dans la droiture de son âme. Il avait médité, lu et relu l'Évangile (dans le texte grec)... et aussi saint Thomas d'Aquin, tous les Pères... Il n'avait pas trouvé[4]. » Nous sommes décidément très loin du tableau édifiant où l'on voit La Veillée des chaumières traîner sur la table de la salle à manger.

Il s'agit ici d'informations sur la vie du poète qui concernent

2. Propos cité par Raymond Escholier, *Marie Noël, La Neige qui brûle,* Fayard, 1957 ; réédition augmentée, Stock, 1968, p. 39-40.
3. *Notes intimes,* Stock, 1959, p. 146 (ouvrage non recueilli dans *L'Œuvre en prose*).
4. Texte cité par Escholier, p. 244.

directement son expérience religieuse. *Toute expérience reli-*
gieuse inclut, en effet, des composantes intellectuelles : *il ne*
faudrait pas croire que celles-ci soient négligeables dans le cas
de Marie Noël sous prétexte qu'il s'agit d'un poète et que ce
poète est une femme.

Ce poète, d'abord, est une femme supérieurement intelligen-
te. D'autre part, cette intelligence supérieure n'est pas seule-
ment un don de la nature, elle est aussi le produit d'une cul-
ture raffinée : culture littéraire, culture artistique, culture mu-
sicale, voire culture philosophique. Autour de Marie enfant et
adolescente, qui voyons-nous ? Le père, Louis Rouget, agrégé de
philosophie, a renoncé à poursuivre sa carrière universitaire
dans les lycées pour rester à Auxerre où il sera professeur de
philosophie au collège. Le parrain, Raphaël Périé, agrégé des
lettres, inspecteur d'académie, est le fin lettré qui, le premier,
découvrira le génie de sa filleule. Au niveau de sa génération,
il y a son jeune frère, Pierre, qui sera avocat puis magistrat,
poète à sa façon, auteur de chansons à boire publiées sous le
titre pittoresque Rimes sans raison. Il y a aussi le cousin
Julien Barat, futur agrégé d'allemand qui, aux vacances,
apporte avec lui l'air de Paris, c'est-à-dire les vers de Verlaine,
la musique de Fauré et de Debussy... Marie est au piano et
Julien chante : sa première vocation, en effet, est musicale, la
vocation poétique est née de la vocation musicale ; j'ai commen-
cé, nous dit-elle, par « chercher des paroles pour mes airs » et
« il m'arriva de ne plus trouver que des paroles[5] ». Ici aussi les
circonstances sont particulièrement favorables : le maître de
chapelle de la cathédrale, Paul Berthier, est un élève et ami de
Vincent d'Indy ; venu à Paris pour préparer la licence en droit,
il a fondé, avec Pierre Martin, la fameuse Manécanterie des
Petits Chanteurs à la Croix de Bois ; musicologue érudit, il par-
ticipe efficacement à la renaissance du chant grégorien. C'est
lui qui harmonise les mélodies de Marie Noël quand il arrive
que la musique, maintenant, naisse des paroles.

5. *Notes intimes*, p. 156.

Mais revenons au père. Le jeune Louis Rouget eût souhaité devenir sculpteur. Dans cette famille de commerçants propriétaires, l'École des Beaux-Arts, même dans sa section d'architecture, paraissait un chemin peu sûr. Sur le conseil d'un cousin universitaire, on préféra le lycée Louis-le-Grand et la Sorbonne. Mais, à défaut de statues de pierre ou de bronze, le professeur Rouget ne cessa de travailler le bois, d'imaginer des meubles, sculptant des motifs décoratifs empruntés à la flore du pays... Ajoutons que cet artiste, professeur de philosophie au collège de garçons, enseignait aussi l'histoire de l'art au collège devenu bientôt lycée de jeunes filles. On comprend la présence d'un tel père dans la mémoire de Marie Noël, si l'on songe qu'il a suivi de près l'instruction de sa fille, même quand celle-ci devint élève du lycée : il dirigeait ses lectures, commentait pour elle les classiques, lui faisait connaître, en traduction, les chefs-d'œuvre de la littérature antique, les tragiques grecs, par exemple. Enfin, à une époque où il n'y avait pas de classes de philosophie dans les collèges et lycées de jeunes filles, Marie eut la sienne à la maison quand son père entreprit de préparer lui-même à la seconde partie du baccalauréat son fils Pierre. « Quand j'ai attrapé vingt-deux, vingt-trois ans, écrira le poète, mon père m'a mis entre les mains Platon » ; et ailleurs : « Enfin, je devins majeure. Mon père me jeta à la mer avec Platon[6]. »

Il ne convient certes pas de substituer une caricature à une autre et de déguiser Marie Noël en femme savante. On tenait simplement à prévenir : l'expérience religieuse dont nous parlerons est celle d'un poète qui recopie dans son carnet de citations des textes de saint Bernard, sainte Thérèse d'Avila, saint Jean de la Croix, et aussi de Goethe, de Milosz, de Rainer Maria Rilke, et encore de Mauriac, de Montherlant, de Julien Green, et même d'Étienne Gilson, de Maurice Nédoncelle, de Simone Weil... un poète qui, devenue presque aveugle, se faisait lire le soir, pour terminer la journée, des vers d'Aragon. D'autre part,

---

6. Propos rapportés par Paul Guth, « Marie Noël », *Le Figaro littéraire*, 25 février 1950 et Raymond Escholier, ouvrage cité, p. 56.

nous avons une idée de la vie intérieure de Marie Noël par un admirable recueil de Notes intimes *qu'elle a, elle-même, publié en 1959 : avant de l'ouvrir, il était bon de rappeler que, si elle a su analyser et décrire les remous les plus insaisissables de son âme, elle le doit à ces exercices que furent ses entretiens philosophiques avec son père et surtout, sans doute, à son initiation au platonisme.*

II. LES PLAINTES DE JOB

Il y a dans l'œuvre de Marie Noël deux thèmes qui ont pour origine deux événements d'importance inégale, arrivés à quelques jours de distance, à la fin de l'année 1904.

Marie a vingt et un ans. Un jeune homme passa, il ne vit rien dans les yeux de la jeune fille, il aurait quitté la ville le jour de Noël... Or il laissait dans l'œuvre poétique de la jeune fille un personnage, l'Absent, et une attente, celle de l'Absent qui ne viendra pas.

> Mon bien-aimé passa voilé de rêverie,
>   L'âme ailleurs,
> Sans me rien dire hélas ! sans me voir et j'en meurs.

Et encore :

> Je l'attendais, pâle et grise lavande,
> Et tout mon cœur embaumait son chemin.
> Il a passé... j'ai parfumé sa main,
> Mais il n'a pas vu mes yeux pleins d'offrande[7].

Il ne faudrait surtout pas croire que le jeune homme de 1904 soit entré dans l'univers poétique de Marie Noël avec son

7. *Les Chansons et les Heures*, Petite chanson : *Mon bien-aimé descend la colline fleurie...* et Chanson : *Mon bien-aimé s'en fut chercher l'amour...*

visage et son nom. Le poème Attente *ne chante pas l'attente d'un retour du bien-aimé qui était parti : elle est l'attente du bien-aimé inconnu, qui aurait un autre visage et un autre nom... Attente, d'ailleurs, sans illusions :*

S'il allait ne pas venir !...

dit le dernier vers non pas avec un point d'interrogation qui permettrait une petite espérance, mais avec un point d'exclamation et des points de suspension qui sous-entendent la certitude d'un pressentiment.

Cela dit, n'allons pas, à l'opposé, donner de cette nostalgie amoureuse une exégèse mystique : le thème du bien-aimé vainement attendu n'est ni l'amour de Dieu encore inconscient de sa vraie fin, ni même un déguisement poétique de l'amour de Dieu. Le poème Attente *ne doit pas être compris comme un cantique spirituel. Marie Noël l'a déclaré franchement à une religieuse canadienne qui, dans une thèse présentée à l'Université de Québec, avait parlé ici de « poésie mystique » : non, il s'agit de l'amour humain sans sublimation :*

Je n'aurais voulu rien que savoir naguère
Comment deux cœurs fols ensemble n'en font qu'un[8]

« Deux cœurs fols », c'est bien « l'amour fou »... Toutefois la folie est ici de croire possible ce qui est raisonnable : un mari, des enfants, une maison... À quoi rêve la jeune fille d'Auxerre devant son avenir et à quoi rêve encore le poète des Notes intimes *devant son passé ? « Je savais comment les meubles seraient rangés dans les chambres... je savais quelles assiettes à ramages bleus j'allais poser sur la table... je savais quelle porte s'ouvrirait tout à l'heure et qui entrerait... je savais dans quelle ombre de la chambre je préparerais le berceau... J'attendis. Les*

---

8. *Chants et Psaumes d'automne, Prières d'avant la vie, de pendant et d'après,* III.

ans passèrent... Et je m'en irai d'ici sans savoir ce qu'était une demeure humaine[9]. *» Oui, mais en laissant un chef-d'œuvre :* Le Chemin d'Anna Bargeton, *publié dans* Contes.

Le second événement, Marie Noël l'appellera « un choc exceptionnel », car « il est exceptionnel, écrivait-elle à son biographe Raymond Escholier, qu'une jeune fille de vingt ans trouve, le lendemain de Noël, son petit frère mort dans son lit ». Ceci, le 27 décembre 1904 : le petit Eugène Rouget avait douze ans, rien ne laissait prévoir sa mort. « Ma mère a hurlé tout haut pendant des semaines. » De l'âme de la grande sœur musique et paroles jaillissent dans un « chant sauvage » sous le titre Hurlement.

Dies irae, *jour de colère, d'une colère qui sera comme un bouillonnement continu dans la vision du monde de Marie Noël. Mais il ne s'agit pas seulement de réaction sentimentale : dans l'esprit de la fille du professeur Louis Rouget, loin de suspendre les puissances de réflexion et de raisonnement, la violence du sentiment les contraint à se manifester et à s'exprimer en idées claires et distinctes. Quelques textes nous permettent de les reconnaître.*

Longtemps après le 27 décembre 1904, Marie Noël se demande : « Serai-je consolée un jour — ou punie — de mes colères contre la Mort ? Car j'ai eu beau lire, apprendre, savoir, penser et croire tout le bien qu'on peut dire d'elle, la Mort m'a toujours trouvée hurlante à la face du Ciel[10]. *» Entendons : la science et la philosophie peuvent, en effet, montrer dans la mort un phénomène naturel qu'il est rationnel d'accepter ou du moins auquel il est raisonnable de se résigner ; la sagesse de Socrate peut voir dans la mort une délivrance de l'âme emprisonnée dans un corps ; la religion peut chanter la mort comme entrée dans la vraie vie... Marie Noël ne peut pas ne pas penser et juger la mort comme un scandale. Si inattendu que puisse paraître le rapprochement, on se plaît à imaginer avec quelle*

9. *Notes intimes*, p. 123-124.
10. *Petit-jour*, Stock, 1951, *Gens et bêtes*, p. 105.

sympathie Marie Noël aurait assisté à la représentation du Roi
se meurt *et lu les confidences d'Eugène Ionesco sur ce qu'elle
appelle « le dernier quart d'heure ».*

  *Si la mort est un scandale, la mort de l'enfant est ce qui,
dans ce scandale, est le plus scandaleux. Lorsque Marie Noël
s'est décidée, en 1947, à publier ses* Chants et Psaumes
d'automne, *suite de variations en mineur sur le thème de la
mort, elle laisse imprimer le* Hurlement de 1905 *et y ajoute
sous le titre* Office pour l'enfant mort *ses admirables Psau-
mes de Rachel en commentaire du texte de Jérémie : « C'est
Rachel qui pleure ses enfants... »*

> Un Ange est venu vendredi
> Chez nous étouffer mon petit
> Pour l'emporter au Paradis.
>
> Malgré son cri dans le printemps
> Et son souffle qui tant et tant
> Ont imploré grâce longtemps ;
>
> . . . .
>
> Malgré mes mains de vain amour
> Qui tournent sans remède autour
> Du mal dont c'est l'heure et le jour ;
>
> . . . .
>
> Un Ange est venu, le plus fort,
> Pour mettre mon petit à mort.

  *« Autour du mal »... Voilà le mot qui fait passer de l'émotion
à la réflexion, surtout quand Marie Noël déclare : « Le Mal-
heur total : la mort », surtout quand ce « malheur total » inspire
à Marie Noël une des paroles les plus profondes qui aient été
prononcées à ce sujet : « Le Mystère du Mal, le seul où Dieu ne
nous donne pas à croire, mais à penser[11] ! »*

_____

11. *Notes intimes*, p. 71 et p. 120.

*Et il nous faut bien constater qu'il nous donne à penser,
d'abord, contre Dieu. Revenons ici à la confidence de Marie
Noël sur ses « colères » contre ce mal absolu qu'est la mort : on
ne peut pas toujours « hurler », mais une fois l'âme disposée à y
reconnaître au moins un mystère, il faut bien constater les
dégâts, c'est-à-dire « le mal, odieux, irréparable qu'Elle avait
fait à tel des miens et, bien plus profond encore, celui qu'en
moi, malgré moi, Elle avait fait à Dieu*[12] *».*

*Cela nous amène dès maintenant à situer l'expérience reli-
gieuse de Marie Noël dans une tradition spirituelle dont « les
plaintes de Job » sont le modèle biblique.*

*Un autre poète, Paul Claudel, son aîné de quinze ans, a dit
le sens de cette tradition : « Dans ce livre merveilleux où l'Égli-
se a pris les neuf leçons de l'Office des Morts, Job parle à son
Créateur tout à fait librement et sans crainte et quand ses amis
épouvantés essaient de l'arrêter, le Dieu tout-puissant lui-même
leur dit : vous êtes des sots ; laissez l'Homme exposer sa cause à
son aise*[13]*. »*

*Marie Noël, elle aussi, a trouvé dans les textes liturgiques Job
et son droit d'interpeller Dieu, cela bien avant la mort du petit
frère, bien avant les épreuves qui font sentir la misère humai-
ne... C'était dans la cathédrale d'Auxerre, le jour de la Tous-
saint, à six heures du soir : l'enfant était venue avec sa grand-
mère : « ... Du portail jusqu'à l'autel, l'église était toute tendue
du noir des grandes funérailles qu'éclairaient à peine, au
chœur, quelques cierges effrayés tremblotant dans la pénombre.
Dans la tour, les glas tintaient... Cependant, nous chantions
avec les prêtres les psaumes de David, les plaintes de Job. J'en-
tendis là — à neuf ans — l'inconsolable cri de l'homme. Il est
entré en moi, alors, et n'en est plus ressorti*[14]*. »*

*Non seulement « il n'en est plus ressorti », mais lorsque
« l'inconsolable cri de l'homme » sera devenu celui de ses pro-*

---

12. *Petit-jour*, p. 105.
13. Paul Claudel, *Positions et propositions*, II, Gallimard, 1934, *Religion
et poésie*, p. 11.
14. *Notes intimes*, p. 307.

pres souffrances, le poète va, à sa façon, reprendre le rôle de Job. C'est bien ce que dit cette note intime : « Le Destin de l'homme s'opère sous la malveillance éternelle d'une Force mauvaise. Job sera toujours là, face à Dieu, pour s'en plaindre[15]. » La « chanteuse d'Auxerre » sera donc Job et son expérience religieuse est mêlée à une réflexion pathétique sur ce qu'elle découvre sous ces mots : « la malveillance éternelle d'une Force mauvaise ».

III. LES SAISONS EN ENFER

Cette expérience religieuse, essayons de la saisir à ses moments de plus haute tension, au cours de deux crises que nous pouvons bien appeler des « saisons en enfer » puisque Marie Noël en a laissé d'importantes relations sous les titres : L'Enfer des trois jours *et* L'Enfer de sept semaines.

La première crise est connue par deux pages des Notes intimes *:* L'Enfer des trois jours. Souvenir de février 1913[16].

D'abord, la situation : « dans ce temps-là » — Marie a trente ans — mon seul souci était « le souci de Dieu », mais, précise-t-elle, parce que je n'en avais pas d'autres, n'ayant ni mari, ni enfants. Or, « souvent, des doutes avaient plané comme des oiseaux menaçants. Ils passaient... » Un soir, ils ne passèrent pas.

Ce soir-là, « mon père parlait de la survie de l'âme — quel mot entendu ? Quelle foudre heurtée parmi les pensées noires et dangereuses qui dorment ? Quel éclair ?... Quel tremblement ?... Dieu s'écroula en moi comme un édifice de nuages. Dieu écroulé. Toute lumière renversée. » Cette nuit sans étoiles, un seul mot lui convient : « le Dam ».

« Dieu écroulé. Trois jours durant, trois nuits, j'essayai de le reconstruire... Trois jours durant, combat désespéré, vaine

15. *Notes intimes*, p. 309.
16. *Ibidem*, p. 102-103.

sueur pour ressusciter, pour sauver Dieu. Agonie, obsession... »
Les livres saints lus sans la foi, l'eucharistie reçue sans la foi, les
prières récitées sans la foi, aucune lueur ne laisse entrevoir la
sortie du tunnel. Et pourtant... Revenons au texte :

« Le soir du troisième jour, l'âme damnée baisait désespéré-
ment une dernière Croix. Un mot calme tomba de la Croix sur
elle. "Et moi je baise la tienne." Brusquement, les ténèbres
reculèrent, la corde d'angoisse se rompit. Je chancelai... Mais
au lieu de penser j'éclatai en musique... » Et une mélodie
d'une dizaine de notes jaillit... « Délivrance. Joie. Louange. Je
chantais... Je dansais... »

Cette première crise est celle de la fille du professeur Louis
Rouget : les doutes qui, « souvent », planaient au-dessus des
affirmations de son credo sont ceux que postule l'agnosticisme
du père ; l'évanouissement de la foi en février 1913 a pour
occasion une conversation philosophique avec le père, « l'enfer
des trois jours » reproduit un scénario bien connu : celui où la
raison s'oppose à la foi ; certes, Marie Noël a ressenti ce choc au
cours de trois journées qui constituent sa version personnelle et
originale du drame ; mais il s'agit d'un conflit qui, réduit à son
schème originel, est relativement banal.

De même, le final. Marie Noël ne crie pas au miracle. Dans
son récit une vingtaine d'années plus tard, elle déclare simple-
ment : « Que s'était-il passé ce soir-là », entendons : le soir du
troisième jour : « Étais-je en état de vive grâce ou, simplement,
avais-je une fièvre de l'esprit ? Je ne sais pas... Je n'ai pas
besoin de savoir... Dieu sait. »

Sept ans plus tard, nouvelle crise mais bien différente par sa
durée et par sa signification. Les Notes intimes en présentent
une relation sous le titre : L'Enfer de sept semaines et de
plusieurs années, 1920-1922[17] ; on y ajoutera une note écri-
te « à chaud », si l'on peut dire : « ... Dans l'espèce de gouffre
où j'ai plongé l'an dernier... », ce qui renvoie à 1921[18] ; enfin
l'Avertissement *aux* Chants et Psaumes d'automne, en

17. *Notes intimes*, p. 103-106.
18. *Ibidem*, p. 22-23.

1947, est le premier témoignage publié par Marie Noël sur ces jours de malheur.

1920... Marie Noël a trente-sept ans ; elle est « épuisée par la guerre » ; nous savons que, pendant la guerre de 1914-1918, elle s'est mobilisée elle-même dans les hôpitaux d'Auxerre ; les vicissitudes des combats, la mort de tant de jeunes compatriotes ont été de rudes secousses dans cette âme hypersensible ; si l'on ajoute une dépression nerveuse qui la conduit, au printemps de 1920, dans une maison de santé à Bellevue, on aura au moins un sentiment confus de la situation à l'automne de cette même année.

Que se passe-t-il ? « ... Après un acte de charité, le dernier, auprès d'une terrible mourante, brusquement je perdis toutes forces et tombai. Et j'entrai dans la grande Angoisse. » Qu'est-ce que cet « acte de charité » ? qui est la « terrible mourante » ? La scène reste dans l'obscurité. Un seul fait précis : il y a une morte, il y a la mort dans la cause occasionnelle de la crise, c'est-à-dire un rappel de ce « Mal total » que Marie Noël après Marie Rouget n'a jamais pu accepter. L'épreuve qui commence alors semble avoir été très différente de la précédente. En 1913, « Dieu s'écroule en moi comme un édifice de nuages » : maintenant ce n'est plus Dieu qui s'écroule, pourrait-elle dire, mais moi. Ce n'est plus la mort de Dieu, mais la mort d'une âme : « mois d'enfer... mois de toutes morts. Destruction du corps, destruction de l'âme... » Et puis, cette épitaphe : « Ci-gît... Celle que j'étais est morte. »

« Celle que j'étais... ». Qui était-elle ? « Je n'avais jamais été jusqu'alors, je n'étais encore qu'une petite fille... » L'âge, ici, ne signifie rien : « mes trente ou quarante années de petite vertu » n'étaient qu'une enfance prolongée. Avec cette enfance qu'a-t-elle donc perdu ? Non pas la foi, mais la ferveur : « être fervente encore », voilà ce qu'elle appelle « ressusciter ». Mais cette foi sans lumière et sans chaleur n'est-ce pas la foi dans l'extrême sécheresse que connaissent les mystiques ? L'expérience religieuse propre à Marie Noël se précise quand on demande : foi en quoi ? foi en qui ?

C'est ici, en effet, que se produit le grand changement. Je me suis brusquement trouvée, écrit-elle, devant « un Dieu qui, tout à coup, n'était plus mon Dieu », ces deux derniers mots sont expliqués dans l'énoncé même de « la terrible question » qui lui fut alors posée : « Dieu ?... mon Dieu ?... Le Bon Dieu ?... Où était Dieu ?... Qui était Dieu ?... » « Terrible question », parce qu'en fait elle n'est plus une question mais l'annonce d'une « terrible » réponse. « Qui était Dieu ?... Une Force impitoyable, la Force éternelle qui crée et qui tue m'était révélée ! » Cette « révélation », Marie Noël en dévoile le sens avec une doulou-reuse lucidité dans la note écrite en 1921 : « ... Dans l'espèce de gouffre où j'ai plongé l'an dernier, j'ai entrevu Dieu et je ne peux plus l'oublier... Dieu !... mais pas le Dieu que je connais-sais intimement depuis l'enfance, le Bon Dieu, "Notre Père"... Non ! un Autre ! Un Autre qui était caché derrière et si terrible que ma raison a vacillé. »

Faut-il souligner la continuité de la pensée de Marie Noël dans la discontinuité de ses imprévisibles révolutions ? Le senti-ment de la misère humaine éveillé par « les plaintes de Job », la mort du petit frère vers la vingtième année, la réflexion sur la mort comme mal absolu, l'entraînement au doute méthodique dans les entretiens philosophiques avec le père, enfin, la révéla-tion de Dieu à l'origine du mal et de ce mal absolu qu'est la mort.

*Quand Marie Noël écrit sa relation de L'Enfer de sept semaines, elle peut dire en terminant : « Mais le calme du soir est venu. » Comment ? Ce qui a été perdu, on ne saurait trop le souligner, c'est la ferveur non la foi : c'est bien pourquoi il y a enfer. Si la foi elle-même s'était évanouie, pourquoi la souffrance ? De quoi souffrirait l'âme qui l'a perdue, une fois passée l'heure mélancolique qui sonne la fin d'une illusion ? La foi, en vérité, a, si l'on peut dire, changé de Dieu : celui qui est « entrevu » — c'est le mot que nous avons lu — ne saurait donner la joie : il réduit la foi à une pure volonté de croire, sans lumières pour l'intelligence et sans douceur pour le cœur. Le poète va dire cela en quelques mots dans l'*Avertissement

aux Chants et Psaumes d'automne *: «... rien ne me restait
pour vivre hors je ne sais quelle espèce d'amour aux yeux crevés
qui sans plus rien voir adorait encore. » Nous avions reconnu
déjà dans la crise de 1920 la* foi nue *qui enveloppe la* nuit
obscure, *expressions empruntées au vocabulaire de la mysti-
que ; précisons maintenant : nous pensons à la mystique du pur
amour. Si Henri Bremond avait pu poursuivre jusqu'au
XXᵉ siècle son* Histoire littéraire du sentiment religieux
en France, *il aurait probablement consacré quelques pages à sa
chère amie d'Auxerre dans un chapitre dont il nous est permis
d'imaginer le titre : «Sous le signe de saint François de
Sales ».*

*Dans le texte écrit peu après « les sept semaines de l'enfer »,
alors que, visiblement, « le calme du soir » n'est pas encore
venu, nous lisons : « Oh ! je ne me révolte pas. Jamais je ne
me suis révoltée. Il est grand ! Je l'adore, je m'incline, aussi
religieuse maintenant que jadis, devant sa pensée infinie dont
je suis victime. » Et voici la résolution décisive : « Et j'accepte
avec une sérénité sans espoir d'être, moi, le rien, sacrifiée à ses
fins. Il me semble que si j'étais une pauvre pièce de toile, je
me soumettrais ainsi avec une douleur affectueuse et docile à
la torture des ciseaux et de l'aiguille, par respect et aveugle
amour pour le chef-d'œuvre inconnu de l'ouvrière. » Ce senti-
ment-là, ajoute-t-elle sans percevoir les résonances historiques
de ce qu'elle écrit, « ce sentiment-là, ce doit être aussi une
piété*[19] *».*

*Saint François de Sales eût peut-être dit : la piété, recon-
naissant ici une variation « noëlienne » du grand thème mysti-
que illustré dans son* Traité de l'Amour de Dieu *par « la
supposition impossible ». Celle-ci a pour fin de montrer jusqu'où
peut aller le désintéressement de l'amour, c'est-à-dire l'oubli de
soi-même : «... Si, par imagination de chose impossible, il [le
moi] savait que sa damnation fût un peu plus agréable à Dieu
que sa salvation, il quitterait sa salvation et courrait à sa dam-*

19. *Notes intimes*, p. 23.

nation[20]. » *Ainsi Marie Noël disant, du fond de son enfer :*
« Mais en même temps j'acceptais tout de Lui parce que c'était
Lui. Lui par-dessus tout, Lui seul. Dieu ! J'acceptais ma ruine
éternelle, s'il était nécessaire, pour que fût accomplie sa grande
Loi... » Ainsi Marie Noël chantant dans une des Heures *qui*
paraissent précisément à la fin de cette même année 1920 :

> Il m'a pris dans ses mains et j'ai posé la tête
> Sur le cœur du Berger ainsi qu'un agneau las.
> Et j'y suis bien, sa folle et plaintive conquête,
> J'y suis bien et, s'il veut, je ne bougerai pas[21].

IV. L'EXPÉRIENCE RELIGIEUSE

Si le rapprochement est justifié, il convient de souligner aus-
sitôt une importante différence entre la pensée de saint Fran-
çois de Sales et l'expérience de Marie Noël. L'un et l'autre font
état de la même « supposition impossible » : il est impossible, en
effet, de prêter au Dieu de la foi chrétienne la volonté de dam-
ner une âme ; mais saint François de Sales imagine ce cas
inconcevable afin de montrer jusqu'où irait le désintéressement
de l'âme dévote, c'est-à-dire jusqu'à préférer la volonté de Dieu
à son propre salut. Marie Noël laisse venir sous sa plume la
« supposition impossible » à l'heure où il faudrait accepter ce qui
n'est pas une « supposition impossible » : l'espèce de malédiction
originelle vouant l'existence humaine au malheur et à ce
« malheur total » qu'est la mort, malédiction en quelque sorte
inscrite dans la création.

Ici nous allons retrouver la fille du professeur Rouget dont ni
l'intelligence ni le cœur ne sauraient accepter la contradiction
d'un Dieu qui serait, par essence, le Bien et pourtant origine
du Mal. Mais il y a aussi dans l'âme de Marie Noël une obscure

20. *Traité de l'Amour de Dieu*, livre IX, chap. IV.
21. *Les Chansons et les Heures, À Vêpres.*

présence qui n'habitait pas celle du professeur Rouget : « Je suis au Christ jusqu'à la racine », a-t-elle écrit quelque part[22]. Cet amour indéracinable du Christ, nous l'avons vu, a tenu bon quand tout s'écroulait au cours de la première saison en enfer : c'est lui qui brusquement dissipe les ténèbres, à l'instant où les lèvres de la jeune fille baisent le crucifix. Bien mieux, pendant la seconde saison en enfer, cet amour du Christ est si vivant que le voici qui crie : j'accuse ! le terrible Tout-Puissant qui se cachait derrière l'image consolante du Bon Dieu, « il a tenu notre Christ accablé devant Lui dans le Jardin, à l'heure de la Puissance des Ténèbres[23] » ; celui que la prière appelle « Notre Père » a crucifié son Fils. Ici apparaît le sens profond de la tragédie spirituelle vécue par Marie Noël : car le Christ, lui aussi, est Dieu.

Le problème du mal et de ce mal qui est la mort a hanté toute la vie de Marie Noël et, aux approches de la quarantaine, il s'est dramatisé dans un conflit qu'elle a elle-même présenté comme un combat de « Dieu contre Dieu[24] ». L'Enfer de sept semaines et de plusieurs années a pour cause la révélation d'une dualité sous le nom de Dieu puisque ce nom couvre le « Dieu noir », qui se cache au fond de sa peur et le Christ qui vit dans un indéracinable amour.

Qu'il soit bien entendu que, dans ses poèmes, contes et confidences, nous ne chercherons pas « la métaphysique de Marie Noël » ni « la théologie de Marie Noël », propos qui, d'ailleurs, l'auraient fait rire. Oui, Marie Noël va récupérer quelques réponses classiques de la métaphysique au problème du mal. Oui, Marie Noël va se faire une théologie pour soi. Mais ce qui nous importe, c'est l'histoire et la psychologie de la vie intérieure qui éprouve le besoin de s'exprimer, au niveau de l'intelligence, en formules métaphysiques et théologiques.

Marie Noël récupère quelques réponses classiques de la méta-

22. Texte inédit cité dans Henri Gouhier, *Le Combat de Marie Noël*, Stock, 1971, p. 91.
23. *Notes intimes*, p. 23.
24. *Ibidem*, p. 31 et p. 137.

*physique au problème du mal : le Dieu qui a créé le monde est
un Dieu qui nous est caché, ce qui est mal pour nous est peut-
être bien sous son regard ; un vers de l'*Office *pour l'enfant
mort* le dit[25] *:*

En Vous, Seigneur, le Mal est Bien.

*Et encore, la partie qui nous paraît laide était requise par la
beauté du tout, argument repris dans un des* Chants d'au-
tomne :

Père, j'ai bien compris : vous avez besoin d'ombre
Pour faire rire mieux la lumière, et besoin
De nuit pour que le jour après ce péril sombre
Soit plus émerveillé de revenir de loin ;

Et besoin dans les champs d'herbe grise, humble,
Pour que la fleur éclate en plaisir plus vermeil ; [vaine,
Et de brume, et de pluie, et de temps pleins de peine
Pour que les autres temps soient plus beaux au soleil.

Et le chant se termine par :

... Je pleure... Tout est bien[26].

*Mais sous ces souvenirs de la métaphysique classique, ce qui
nous intéresse, c'est l'acte de foi proprement « noëlien » tel qu'il
jaillit dans le* Credo *de l'*Office *pour l'enfant mort :*

Ô Vous par qui la vie est peine
Et mal, et mort, je crois très bas
À la Bonté haute, inhumaine,
Terrible, qu'on ne comprend pas.

25. *Chants et Psaumes d'automne, Office pour l'enfant mort, Cortège,* III.
26. *Ibidem, Prières d'avant la vie, de pendant et d'après,* II.

« *Bonté inhumaine* », « *Bonté terrible* ». *C'est pour rendre plus aisée la croyance en une si paradoxale transcendance que Marie Noël se fait une théologie pour soi. Cette théologie, nous pourrons, sans trahir l'essentiel, la réduire au schéma suivant :*

1) En l'unité de Dieu nous discernons deux principes : le Créateur et le Christ.

2) « Celui qui a créé le monde n'a donné à l'être vivant qu'une seule loi : Mange, *et celle-ci qui est la même :* pour manger, tue !... *» et encore : « Toute créature sert de pâture à l'autre... » Ainsi la mort est condition de la vie*[27].

3) C'est pourquoi le Mal est lié à la création : il n'est pas entré dans le monde avec la faute d'Adam mais Adam a péché parce que le Mal était là, il était là avec la vie qui a pour condition la mort.

4) Le second principe, le Christ est l'Amour qui est, par essence, l'ennemi du mal.

5) Dans la vie terrestre du Christ, la Cène représente, si l'on peut dire, l'acte suprêmement divin. La loi terrible imposée à la créature est : Mange *; par la voix du Christ, l'Amour répond :* Mange-moi. *Autrement dit, le mystère eucharistique représente le triomphe de l'Amour qui fait servir le Mal au Bien.*

6) Conséquence spirituelle et morale : « Il faut devenir une Hostie... cette pauvre chose que les gens mangent — ou qu'ils dédaignent — livrée, obéissante à tous, et qui n'a plus rien de soi-même[28]. *» On retrouve donc dans l'imitation de Jésus-Christ le total oubli de soi qu'implique le désintéressement de l'amour.*

Cette espèce de dialectique a pris forme poétique dans un long poème Adam et Ève, *daté 1927-1928, et publié dans* Les Chants de la Merci *; deux épigraphes en disent le sens : « Et Jéhovah Dieu donna à l'homme cet ordre : "Tu mange-*

---

27. Cf. *Notes intimes*, p. 31-33.
28. *Ibidem*, p. 72.

ras..." *Genèse, II, 16* » et : « *Prenez et mangez. Ceci est mon corps donné pour vous. Luc, XXII, 20.* »

Dans cette grande aventure de l'âme chrétienne que fut la vie intime de Marie Noël soulignons deux points.

Premier point : on croit assez spontanément que les conflits de la foi et de la raison, de la religion et de la science, de la croyance et du doute opposent des puissances distinctes comme dans un duel où il y a deux adversaires, comme dans une discussion où il y a deux partenaires. Pareille image conduit tout naturellement à l'idée que la fin du combat signifie pour le vainqueur le repos dans la certitude : le repos de la raison dans la certitude de la raison, le repos de la foi dans la certitude de la foi.

En gros et dans la mesure où il est permis de parler de la vie secrète des âmes, il est possible et même probable que certaines expériences rentrent dans ce schéma. Par exemple, on admettra que la raison de Renan ait trouvé le repos dans les certitudes qui dictent sa Prière sur l'Acropole et que la conversion de Jacques et Raïssa Maritain ait mis sur leurs lèvres les paroles de Pascal : « *Certitude, certitude... joie, paix.* » Mais il y a des agnosticismes insatisfaits quoique définitifs, comme, semble-t-il, celui de Jean Rostand, et il y a la foi de Marie Noël constatant : « *Dieu n'est pas un lieu tranquille... J'aurai enduré plus de mal pour Lui que toutes les filles et femmes pour tous les amants et maris du monde*[29]. »

La foi n'est pas nécessairement la quiétude : elle peut être source de conflits, il lui arrive d'introduire dans l'existence un principe de contradiction — le mot et l'idée sont de Claudel — qui est l'essence même du tragique[30].

Et Vous avez été ma guerre sans merci.
— Me battre avec un autre était-il nécessaire ? —

29. *Notes intimes*, p. 164.
30. Paul Claudel, ouvrage cité, I, 1928, *Le Théâtre catholique*, p. 240.

Et Vous avez été mon unique adversaire.
— Quel autre que Vous seul est digne de souci ?

Cette strophe est tirée du poème Jugement *qui est une espè-*
ce de confession publiée à la fin des Chants et Psaumes d'au-
tomne.

Il y a donc un drame en quelque sorte immanent à la foi de
Marie Noël et c'est le second point qu'il convient de souligner
— ce drame est comme un verre grossissant qui rend percepti-
ble la division entre les deux éléments sans doute constitutifs de
toute foi : en tant qu'elle vise un objet — credo in unum
Deum *— la foi aspire à être une connaissance plus ou moins*
confuse ; mais en même temps, elle inclut un amour... Dans la
foi sans orages ni nuages tout paraît se passer comme si l'amour
était provoqué par la connaissance : l'âme croit en Dieu et,
pour cela, elle l'aime. Or le mystère de la foi est sans doute
dans le rapport inverse : l'âme cherche à connaître Dieu parce
qu'elle l'aime. Les doutes qui inclinaient vers l'agnosticisme du
père, la révélation du « Dieu noir », l'inintelligibilité provocan-
te de la mort, sont les péripéties d'un drame qui se joue sur le
devant de la scène, là où la foi, selon une formule célèbre,
cherche à devenir intelligence : fides quaerens intellectum *;*
mais, derrière le décor, l'amour veille.

Ce que Marie Noël constate dans une phrase qui accuse la
séparation des deux éléments : « L'heure terrible où Dieu n'est
pas vrai et où je continue à l'aimer quand même[31]. »

Or, c'est l'amour qui sauve. Tel est bien ce que Marie Noël a
voulu dire lorsqu'aux approches de la soixante-dixième année
elle écrivit pour le théâtre un « miracle » : Le Jugement de
Don Juan *qu'elle eut la joie de voir radiodiffusé le 12 novem-*
bre 1960, je peux dire : voir puisqu'elle avait suivi de près les
répétitions.

---

31. *Notes intimes*, p. 164.
32. *Les Chants de la Merci, Prélude et exercices*, III.

On comprend alors pourquoi, si Marie Noël doit dire ici le dernier mot, nous allons le chercher dans ce chant qu'elle a appelé Prière[32] :

Mon Dieu, source sans fond de la douceur humaine,
Je laisse en m'endormant couler mon cœur en Vous
Comme un vase tombé dans l'eau de la fontaine
Et que Vous remplissez de Vous-même sans nous.

HENRI GOUHIER

Les Chansons et les Heures et *Le Rosaire des joies* sont les deux premiers livres de Marie Noël.

Les Chansons et les Heures ont été publiées à compte d'auteur aux éditions E. Sansot en 1920. Les deux chansons : *Mon bien-aimé s'en fut chercher l'amour...* et *Quand il est entré dans mon logis clos...* ainsi qu'*Attente* et *Les Compagnons* avaient paru dans la *Revue des Deux Mondes* du 15 juin 1910. Il y eut ensuite plusieurs éditions ; Marie Noël a donné celle qui est définitive chez Crès et Cie, en 1928, y ajoutant : *Connais-moi..., Chuchotements, Conseils, Dialogues.*

Le Rosaire des joies parut aux éditions Crès avec un « achevé d'imprimer » du 20 décembre 1929. La plupart de ces poèmes avaient été publiés : le *Noël des vieilles filles* dès 1913 dans *L'Amitié de France,* février-avril. Marie Noël publie *Visitation* dans *La Revue latine* de décembre 1921 ; elle met en musique sept ans plus tard *Chant de la Vierge Marie* sous le titre *Noël de l'Avent.* Marie Noël a raconté dans ses *Notes intimes* (p. 219-220) l'« aventure poétique » que fut pour elle *Chandeleur,* « chanson qui semblait sortir d'autre part que de moi » : « Je n'ai jamais été bien sûre qu'il fût de moi », dit-elle de ce poème. *Chandeleur,* écrit-elle ailleurs (p. 87), est un des « deux poèmes de moi que je préfère », l'autre étant *Chant de la divine Merci ;* il parut dans *La*

Revue fédéraliste, à Lyon, en 1926. L'édition définitive du *Rosaire des joies* est celle qui parut chez Stock en 1947, augmentée de trois poèmes : *Image pour le Jour des Rois, Berceuse de la Mère-Dieu, Cantique du Pain.* Le compositeur Roger Boutry a choisi *Le Rosaire des joies* pour sujet et texte d'un oratorio donné en février 1963 au théâtre des Champs-Élysées.

En dehors des ouvrages déjà signalés, on consultera :

André Blanchet, « Un génie nocturne : Marie Noël » et « Marie Noël entre deux mondes », dans *La Littérature et le spirituel,* t. II, Aubier, 1960.

André Blanchet, *Marie Noël,* « Poètes d'aujourd'hui », Seghers, nouvelle édition, 1970 (première édition, 1962).

Les Chansons
et les Heures

À mon cher parrain,
Raphaël Périé
qui le premier les entendit,
qui le premier les aima,
ces chansons de sa filleule.

MARIE NOËL.

LES CHANSONS

LES CHANSONS QUE JE FAIS...

Les chansons que je fais, qu'est-ce qui les a faites ?...

Souvent il m'en arrive une au plus noir de moi...
Je ne sais pas comment, je ne sais pas pourquoi
C'est cette folle au lieu de cent que je souhaite.

Dites-moi... Mes chansons de toutes les couleurs,
Où mon esprit qui muse au vent les a-t-il prises ?
Le chant leur vient — d'où donc ? — comme le rose
                                                      [aux fleurs,
Comme le vert à l'herbe et le rouge aux cerises.

Je ne sais pas de quels oiseaux, en quel pays
De buissons creux et pleins de songe elles sont nées...
Elles m'ont rencontrée et moi je m'ébahis
D'entendre battre en moi leurs ailes étonnées.

Mais comment, à la file, en est-il tant et tant
Et tant encor, chacune à la beauté nouvelle,
Comme une abeille après une abeille sortant
Du petit coin de miel que j'ai dans la cervelle ?

Ah ! Je veux de ma main pour les garder longtemps,
Je veux, pour retrouver sans cesse ma trouvaille,

Toutes les attraper avant que le printemps
Les emporte de moi qui me fane et s'en aille.

Toutes, oui ! L'une est gaie et mon cœur joue avec ;
L'autre, jeune, mutine et qui fait sa jolie,
Malicieuse un peu, le taquine du bec...
Mais l'autre me l'a pris dans sa mélancolie ;

L'autre frémit autour de moi comme un baiser
Si doux que j'en mourrai si ce chant continue
Et qu'au bord de mon cœur où son cœur s'est posé,
Une faiblesse après demeure et m'exténue.

Et toutes je les veux, et toutes à la fois
— La dernière surtout dont j'ai le plus envie —
Je vais les mettre en cage et leur lier la voix
Ou je ne dormirai plus jamais de ma vie.

Viens, poète, oiseleur, tends-moi comme un filet
Ta mémoire et prends-moi ces belles que j'écoute.
Retiens dedans surtout ce brin de mot follet
Qui danse au bord mouvant de ma pensée en route.

Moi j'écoute... Je ris quand l'une rit au jour ;
J'ai les larmes aux yeux quand l'autre est bien tou-
                                              [chante
Quand elle est tendre, ô Dieu, j'ai le frisson d'amour...
J'écoute et ce qui chante en moi je le rechante.

Mais comme un écolier qui prend trop bas, trop haut,
La note qu'on lui donne et suit mal la mesure,
J'hésite, à plusieurs fois tâtant le son qu'il faut,
Accrochant çà et là ma voix gauche et peu sûre.

Ah ! chanson vive !... Hélas ! pour recueillir sa voix,
C'est au lieu de l'air juste un faux air que je trouve,

Et je cherche, et l'accent que je risque parfois,
Celui qui vibre en moi toujours le désapprouve.

Elle chante... et je laisse échapper de ma main
Les mots flottants qu'elle me jette à la volée,
Si j'en ramasse un ample, il m'en fallait un fin...
Elle chante et sera tout à l'heure en allée.

Elle chante, elle fuit et je m'efforce en vain
De la suivre en courant derrière, je m'essouffle,
Je la saisis au vol, je la perds en chemin
Et quand je ne sais plus j'attends que Dieu me souffle.

CONNAIS-MOI...

Connais-moi si tu peux, ô passant, connais-moi !
Je suis ce que tu crois et suis tout le contraire :
La poussière sans nom que ton pied foule à terre
Et l'étoile sans nom qui peut guider ta foi.

Je suis et ne suis pas telle qu'en apparence :
Calme comme un grand lac où reposent les cieux,
Si calme qu'en plongeant tout au fond de mes yeux,
Tu te verras en leur fidèle transparence...

— Si calme, ô voyageur... Et si folle pourtant !
Flamme errante, fétu, petite feuille morte
Qui court, danse, tournoie et que la vie emporte
Je ne sais où mêlée aux vains chemins du vent. —

Sauvage, repliée en ma blancheur craintive
Comme un cygne qui sort d'une île sur les eaux,
Un jour, et lentement à travers les roseaux
S'éloigne sans jamais approcher de la rive...

— Si doucement hardie, ô voyageur, pourtant !
Un confiant moineau qui vient se laisser prendre
Et dont tu sens, les doigts serrés pour mieux l'en-
                                        [tendre,
Tout entier dans ta main le cœur chaud et battant. —

Forte comme en plein jour une armée en bataille
Qui lutte, saigne, râle et demeure debout ;
Qui triomphe de tout, risque tout, souffre tout,
Silencieuse et haute ainsi qu'une muraille...

Faible comme un enfant parti pour l'inconnu
Qui s'avance à tâtons de blessure en blessure
Et qui parfois a tant besoin qu'on le rassure
Et qu'on lui donne un peu la main, le soir venu...

Ardente comme un vol d'alouette qui vibre
Dans le creux de la terre et qui monte au réveil,
Qui monte, monte, éperdument, jusqu'au soleil,
Bondissant, enflammé, téméraire, fou, libre !...

Et plus frileuse, plus, qu'un orphelin l'hiver
Qui tout autour des foyers clos s'attarde, rôde
Et désespérément cherche une place chaude
Pour s'y blottir longtemps sans bouger, sans voir
                                                    [clair...

Chèvre, tête indomptée, ô passant, si rétive
Que nul n'osera mettre un collier à son cou,
Que nul ne fermera sur elle son verrou,
Que nul hormis la mort ne la fera captive...

Et qui se donnera tout entière pour rien,
Pour l'amour de servir l'amour qui la dédaigne,
D'avoir un pauvre cœur qui mendie et qui craigne
Et de suivre partout son maître comme un chien...

Connais-moi ! connais-moi ! Ce que j'ai dit, le suis-je ?
Ce que j'ai dit est faux — Et pourtant c'était vrai ! —
L'air que j'ai dans le cœur est-il triste ou bien gai ?
Connais-moi si tu peux. Le pourras-tu ?... Le puis-
                                                    [je ?...

Quand ma mère vanterait
À toi son voisin, son hôte.
Mes cent vertus à voix haute
Sans vergogne, sans arrêt ;
Quand mon vieux curé qui baisse
Te raconterait tout bas
Ce que j'ai dit à confesse...
Tu ne me connaîtras pas.

Ô passant, quand tu verrais
Tous mes pleurs et tout mon rire,
Quand j'oserais tout te dire
Et quand tu m'écouterais,
Quand tu suivrais à mesure
Tous mes gestes, tous mes pas,
Par le trou de la serrure...
Tu ne me connaîtras pas !

Et quand passera mon âme
Devant ton âme un moment
Éclairée à la grand'flamme
Du suprême jugement,
Et quand Dieu comme un poème
La lira toute aux élus,
Tu ne sauras pas lors même
Ce qu'en ce monde je fus...

. . . .

Tu le sauras si rien qu'un seul instant tu m'aimes !

1908.

CHANT DE PÂQUES

Samedi Saint.

Alleluia ! Fais, ô soleil, la maison neuve !
    Mes sœurs, que chacune se meuve
Avec des mains de ménagère et des doigts gais...
C'est Pâques ! Jetons hors les poussières obscures,
Frottons de sable fin les clefs et les serrures,
    Pour que la porte s'ouvre en paix.

Cirons doux, cirons vif les battants des armoires,
    La fenêtre en rit dans leurs moires !
Frottons ! qu'elle se mire au luisant du parquet.
Vêtons-lui ses rideaux de fraîche mousseline...
Quel ouvrage ! A-t-on cuit le gâteau d'avelines
    Et mis sur la table un bouquet ?

Alleluia ! Nous avons fini d'être mortes,
    De jeûner, de fermer nos portes,
Le cœur clos et gardé par les effrois pieux.
Le prêtre a délivré la flamme et les eaux folles,
Notre âme sort et s'amuse dans nos paroles
    Et notre jeunesse en nos yeux.

Ouvrez tout grand la porte à la Semaine Sainte.
    Mon cœur en moi sautille et tinte
Ainsi qu'une clochette en or vif qui se tut
Et s'en revient de Rome après les temps mystiques
Me donner l'envolée et le ton des cantiques
    Pour l'allégresse du salut.

Mais avec ma corbeille il faut que je m'en aille
    Chercher les œufs frais dans la paille...
Aux vignes d'alentour ont fleuri les crocus
En rondes d'or et tenant leurs mains verdelettes.
J'ai vu dans les fossés des nids de violettes
    Et des coucous sur les talus.

Les poules ont pondu très loin dans la campagne.
    Dans le matin qui m'accompagne ?
Venez-vous-en seul avec moi, mon bien-aimé...
Quelle parole avant d'y penser ai-je dite ?
Où donc est ce bien-aimé-là, dis, ma petite ?
    Qui d'un tel nom as-tu nommé ?

Est-ce Jésus, ô moi qui ne connais point d'homme ?
    Le Dieu martyr que dans son somme
Hier nous avons veillé toute la nuit au chœur,
Pleurant d'amour sur son tombeau, de deuil voilées ?
Est-ce le Printemps doux et ses graines ailées
    Qui nous a soufflé dans le cœur ?

Mon bien-aimé, ce n'est qu'un mot, ce n'est personne,
    Mais de l'avoir dit je frissonne
Et je suis parfumée et je suis en rumeur
Comme une fiancée au roi qui l'aime offerte,
Je frémis et me sens comme la terre, ouverte
    Toute grande aux pieds du semeur.

Quel germe au loin flottant va me voler dans l'âme ?
    Quel est le grain qu'elle réclame
Pour être avec les fleurs une fleur de l'été
Et pour porter des fruits quand passera l'automne ?...
Il est doux, invisible et léger, il chantonne
    À travers le vent enchanté.

Qu'est-ce que le Printemps, ô Jésus, mon doux Maître ?
    L'Ange des révoltes peut-être
Qui change d'un regard et la terre et les eaux
Pour me séduire et m'agite neuve et rebelle,
— Moi qui devrais vous être une calme chapelle —
    Ainsi que l'herbe et les rameaux.

Ah ! de lui maintenant pourras-tu me défendre ?
    Ô Christ, il te fallait l'attendre
Sur ta croix de salut tous les jours sans guérir
Et me faire couler sur le cœur, de tes plaies,
Ton sang, pour que cherchant tes épines aux haies,
    À tes pieds j'adore mourir.

Mais ce matin que l'Ange a remué la pierre,
    Ô Toi debout dans la lumière,
Ressuscité de l'aube aux pieds couleur du temps,
Toi qui dans le jardin as rencontré Marie,
Que feras-tu, jardinier de Pâques fleuries,
    Pour me défendre du Printemps ?

1907.

ATTENTE

J'ai vécu sans le savoir
  Comme l'herbe pousse...
Le matin, le jour, le soir
  Tournaient sur la mousse.

Les ans ont fui sous mes yeux
  Comme à tire d'ailes
D'un bout à l'autre des cieux
  Fuient les hirondelles...

Mais voici que j'ai soudain
  Une fleur éclose.
J'ai peur des doigts qui demain
  Cueilleront ma rose.

Demain, demain, quand l'Amour
  Au brusque visage
S'abattra comme un vautour
  Sur mon cœur sauvage.

Dans l'Amour, si grand, si grand,
  Je me perdrai toute
Comme un agnelet errant
  Dans un bois sans route.

Dans l'Amour, comme un cheveu
   Dans la flamme active,
Comme une noix dans le feu,
   Je brûlerai vive.

Dans l'Amour, courant amer,
   Las ! comme une goutte,
Une larme dans la mer,
   Je me noierai toute.

Mon cœur libre, ô mon seul bien,
   Au fond de ce gouffre,
Que serai-je ? Un petit rien
   Qui souffre, qui souffre !

Quand deux êtres, mal ou bien,
   S'y fondront ensemble,
Que serai-je ? Un petit rien
   Qui tremble, qui tremble !

J'ai peur de demain, j'ai peur
   Du vent qui me ploie,
Mais j'ai plus peur du bonheur,
   Plus peur de la joie

Qui surprend à pas de loup,
   Si douce, si forte
Qu'à la sentir, tout d'un coup
   Je tomberai morte.

Demain, demain, quand l'Amour
   Au brusque visage
S'abattra comme un vautour
   Sur mon cœur sauvage...

. . . .

Quand mes veines l'entendront
  Sur la route gaie,
Je me cacherai le front
  Derrière une haie.

Quand mes cheveux sentiront
  Accourir sa fièvre,
Je fuirai d'un saut plus prompt
  Que le bond d'un lièvre.

Quand ses prunelles, ô dieux,
  Surprendront mon âme,
Je fuirai, fermant les yeux,
  Sans voir feu ni flamme.

Quand me suivront ses aveux
  Comme des abeilles,
Je fuirai, de mes cheveux
  Cachant mes oreilles.

Quand m'atteindra son baiser,
  Plus qu'à demi-morte,
J'irai sans me reposer
  N'importe où, n'importe

Où s'ouvriront des chemins
  Béants au passage,
Éperdue et de mes mains
  Couvrant mon visage ;

Et, quand d'un geste vainqueur,
  Toute il m'aura prise,
Me débattant sur son cœur,
  Farouche, insoumise,

Je ferai, dans mon effroi
   D'une heure nouvelle,
D'un obscur je ne sais quoi,
   Je ferai, rebelle,

Quand il croira me tenir
   À lui tout entière,
Pour retarder l'avenir,
   Vingt pas en arrière !...

S'il allait ne pas venir !...

CHUCHOTEMENTS

Cendrillon ! Cendrillon ! la chambre est toute noire,
Laisse ton dé glisser du bout de ton doigt las.
Tu n'y vois plus, ton fil chemine de mémoire.
Pique-moi ton aiguille au bord du canevas.

Roule tes écheveaux et, repoussant ta chaise,
Viens te mettre à genoux pour te chauffer les mains
Devant les champs de l'âtre où, dolente, la braise
Berce d'ardents pays murmurants et lointains.

Vois, les esprits du feu font et défont leurs villes
Et leurs châteaux plaintifs derrière les chenets.
Regarde, les yeux lents et le cœur immobile,
Se quereller les pieds de flammes des follets.

L'âtre — écoute — bruit de choses erronées.
— Dehors le brouillard sourd étouffe les maisons —
C'est l'heure, Cendrillon, écoute environnée
D'ombres, écoute au loin divaguer les tisons.

Laissez l'ombre noircir, n'apportez pas la lampe.
La nuit trace à tâtons des formes sur le mur,
Au reflet du foyer qui clignote, qui rampe,
Volette, se poursuit sur le plafond peu sûr.

Les fileuses de sorts silencieux, les fées
Obscures sortiront de tous les petits coins
Pour tramer sur le sol les routes étouffées
Des jours mystérieux qu'elles ont vus de loin.

Et les songes errants qu'effrayait la journée
S'en reviendront hardis de tous leurs bois perdus,
Battre mon cœur de leur aile désordonnée
Et mes yeux où personne alentour ne voit plus.

Au chant vague du feu la bûche et la bûchotte
Filent un fil qui tremble et ne l'achèvent pas.
C'est l'heure où l'espérance à voix faible chuchote...
Laissez mon cœur entendre, elle parle si bas

Que je ferme les yeux pour saisir ses paroles...
Cendrillon ! Cendrillon ! ton amour te poursuit.
Serre ton front comme un secret dans tes mains folles,
Cache-toi tout au fond de ton âme, il fait nuit.

        Vite, hors de vos geôles,
        Fous, rêves, pauvres drôles !
        Le ciel s'enfuit là-bas...
        Qui vient à petits pas ?
        J'ai senti son regard
        Entre mes deux épaules.
C'est vous mon bien-aimé que j'attendais si tard ?

        Si tard que l'air se serre
        Dans les trous de la terre
        Dehors tant il fait dur,
        Que le gel fend les murs.
        Dans la nuit venez droit
        À mon feu solitaire.
Ô Dieu ! mon bien-aimé, comme vous avez froid !

Le vent geint, un glas sonne
Le monde entier frissonne.
Cachons-nous bien loin d'eux.
Nous sommes tous les deux...
Le chemin a si peur
Qu'il ne viendra personne.
Prenez mes douces mains pour vous chauffer le cœur.

Mes mains frêles de reine
Qui ne peuvent qu'à peine,
Qui ne savent qu'en vain
Enfermer votre main.
Tournez mon anneau d'or
Qui toute à vous m'enchaîne.
Notre feu luit, laissons courir le temps dehors.

Qu'avez-vous fait de l'heure
En la ville qui pleure ?
Vos pieds sont-ils trop las
D'avoir erré là-bas ?
Seule, moi, j'ai fermé
Jusqu'au soir la demeure.
Que j'ai donc attendu longtemps mon bien-aimé !

Si longue fut ma veille
Que je dois être vieille ;
Longue comme les ans
Qui font les cheveux blancs.
Les minutes du jour
L'une à l'autre pareilles
Sans rencontrer mon cœur ont tourné tout autour.

J'ai filé de la laine
Dans la salle lointaine,
J'avais ôté la clé
Et nul ne m'a parlé.

Personne n'est entré
Dans le rêve où je mène
Mon cœur à vous par des chemins enchevêtrés.

La clarté se retire...
Qu'allez-vous donc me dire ?
Vos yeux restent sur moi
Et je tremble. Pourquoi ?...
Votre silence est doux
Et doux votre sourire,
Qu'allez-vous donc me dire oh ! dites, mon époux ?

Laissez que je m'en aille
Chercher l'œuf dans la paille,
Et pétrir le levain,
Et vous tirer le vin.
Mon maître, faut-il pas
Que pour vous je travaille ?
Pourquoi me retenir, mon maître, entre vos bras ?

Qu'ai-je, prise à tout leurre,
Pauvre qu'un rien apeure,
Qui soit selon vos vœux ?
Vous baisez mes cheveux...
D'où vient que mon cœur fuit ?
Que follement je pleure ?...

. . . .

Ah ! qui donc d'un rayon a dispersé ma nuit ?

Cendrillon ! Cendrillon ! vois, la lampe s'allume
Sur la table où ta mère a mis l'ouvrage en tas.
Quitte le feu plaintif où ton cœur se consume,
Reprends tes écheveaux, ton dé, ton canevas.

À l'œuvre ! assieds-toi, couds, brusquement éveillée,
— La chambre est vieille, morne, vide et le mur nu —

Aujourd'hui comme hier prolonge ta veillée.
À ton château d'amour personne n'est venu.

Mais ce sera demain. Demain ! Gagne ta vie
Encore un peu. Demain ! Travaille, ô Cendrillon.
Et quand il entrera, quand la flamme assoupie
Volera dans ses yeux ainsi qu'un papillon ;

Quand ta mère en l'ouvrant fera chanter la porte,
Qu'il courra dans la salle et te prendra la main,
Tu seras pâle, ô Cendrillon, comme une morte...
. . . .
« Ma fille, avez-vous vu la neige du chemin ? »

1904.

CONSEILS

Écoute... Moi, le Soir, je sais beaucoup de choses.
J'ai vu passer le jour, s'éteindre le soleil,
S'enfuir le vent et se décolorer les roses.
Je suis vieux, laisse-moi te donner un conseil.

Écoute-moi... Lorsque tu sentiras à peine
Ton cœur bruire en l'ombre et s'emplir lentement
Comme un vase à demi plongé dans la fontaine
Et qui devient plus lourd de moment en moment,

Si chez ton bien-aimé tu te trouves assise
Quand tu le sentiras, lève-toi vite et sors,
Et si ta robe dans la porte reste prise,
Déchire-la, romps tout et sauve-toi dehors.

Lorsque tu sentiras qu'un courant tiède pousse
Ton âme dans son âme et que, telle une fleur
Que le poids de son miel incline vers la mousse,
Ton front de plus en plus se penche vers son cœur,

S'il se tourne vers toi juste à cette minute,
S'il te jette son cœur d'un seul coup, d'un seul mot
Et s'il t'ouvre les bras... Arrête ! tiens bon ! lutte !
Fuis avant d'aimer, fuis, car tu vas aimer trop !

Fuis ! Le bonheur n'est qu'une peine qui commence.
Quand il passe ici-bas c'est elle qu'il conduit.
Dès qu'avril fait un pas l'hiver au loin s'avance ;
La vie ouvre à la mort, l'aube amène la nuit.

Écoute-moi... Ton amoureux t'a rencontrée
Par hasard et suivant la flamme de tes yeux
Il va chercher en toi la divine contrée,
Le lointain paradis dont il est curieux.

Il s'émerveillera de te trouver si belle
Tant qu'à la découverte il ira dans ton cœur.
Quand il aura tout vu, quelle source nouvelle
Rafraîchira les yeux hardis de son bonheur ?

Et quand il aura pris tous les oiseaux sauvages
Qui chantaient dans ton âme ainsi qu'en un bois noir,
Quel rossignol chargé d'un plus pressant message
Enverras-tu vers lui pour l'appeler le soir ?

L'homme laisse en aimant ses fenêtres ouvertes
Et le bruit des chemins en franchit le rebord.
Quand il aura fini en toi ses découvertes,
Il se retournera pour regarder dehors.

Et mille nouveautés, mille et mille merveilles
Passeront sur la route et te prendront ses yeux.
Mille mots, mille chants te prendront ses oreilles ;
Mille buts te prendront ses pas capricieux.

Et toi, restée aveugle et sourde dans ton âme,
Frileusement blottie au fond de ton amour,
De jour en jour cherchant d'un peu plus près la
                                        [flamme,
Tu trouveras qu'il fait moins chaud de jour en jour.

Et la première qui viendra par aventure
Vous demander, s'il pleut, de la mettre à couvert,
Tout à coup en tournant la clef dans la serrure
Ouvrira dans ton âme un immense désert !

Va-t'en ! Elle est entrée et la maison est pleine !
Va, tu n'as plus d'ami, plus de place... Elle est là.
Il lui sourit, il te sourit, bouche incertaine,
Laisse-les ! Va mourir n'importe où, va-t'en, va !

Ah ! si ton cœur léger a des ailes, qu'il vole,
Qu'il vole maintenant et trouve dans la nuit
Un autre nid plus doux que le nid qu'on te vole,
Un avenir plus beau que le passé détruit.

Si ton cœur est léger, qu'il quitte avec la brise
Sa rose pour une autre et qu'il change d'amour !
Mais s'il ne sait pas fuir son maître, qu'il se brise
Sur le seuil du bonheur refermé pour toujours.

Dis-moi, légère es-tu ma mie, assez légère
Pour aimer, n'aimer plus et puis aimer encor
Comme l'oiseau qui monte au ciel, retombe à terre,
Secoue une aile, ouvre l'autre et reprend l'essor ?

Hélas ! j'ai peur !... Es-tu, ma mie, assez légère ?
Si tu n'aimes qu'un peu, le risque n'est pas gros,
Ou pas plus que beaucoup, beaucoup plus, ce n'est
                                                      [guère
J'ai peur... Avant d'aimer, fuis, tu vas aimer trop.
. . . .
Mais quoi ! j'ai beau parler et rassembler mon ombre
Autour de toi comme les plis d'un lourd manteau
Et te serrer comme un enfant sur mon cœur sombre.
Tu ne m'écoutes pas, qu'entends-tu de plus beau ?

Tu ne m'écoutes pas. J'ai beau, sur ta paupière,
Poser ma main obscure et de nuit la couvrir,
Ta prunelle, dessous, est pleine de lumière...
. . . .
— J'écoute, mais quel mal y a-t-il à souffrir ?

RONDE

Mon père me veut marier,
Sauvons-nous, sauvons-nous par les bois et la plaine,
Mon père me veut marier,
Petit oiseau, tout vif te lairas-tu lier ?

L'affaire est sûre : il a du bien.
Sauvons-nous, sauvons-nous, bouchons-nous les oreilles
L'affaire est sûre : il a du bien...
C'est un mari... courons, le meilleur ne vaut rien !

Quand il vaudrait son pesant d'or,
Qu'il est lourd, qu'il est lourd et que je suis légère !
Quand il vaudrait son pesant d'or,
Il aura beau courir, il ne m'a pas encor !

Malgré ses louis, ses écus,
Ses sacs de blé, ses sacs de noix, ses sacs de laine,
Malgré ses louis, ses écus,
Il ne m'aura jamais, ni pour moins, ni pour plus.

Qu'il achète s'il a de quoi,
Les bois, la mer, le ciel, les plaines, les montagnes,
Qu'il achète s'il a de quoi,
Le monde entier plutôt qu'un seul cheveu de moi !

Laissez-vous mettre à la raison
Et garder au clapier, hérissons, chats sauvages,
Laissez-vous mettre à la raison
Avant qu'un sot d'époux m'enferme en sa maison.

Engraissez-vous au potager,
Bruyères, houx, myrtils des bois, genêts des landes,
Engraissez-vous au potager
Avant qu'un sot d'époux ne me donne à manger.

Je suis l'alouette de Mai
Qui s'élance dans le matin à tire d'ailes,
Je suis l'alouette de Mai
Qui court après son cœur jusqu'au bout du ciel gai !

J'y volerai si haut, si haut,
Que les coqs, les dindons et toute la volaille,
— J'y volerai si haut, si haut, —
S'ils veulent m'attraper en seront pour leur saut.

Si haut, si haut dans la chaleur,
J'ai peur du ciel, j'ai peur, j'ai peur... les dieux sont
Si haut, si haut dans la chaleur,   [proches
Qu'un éclair tout à coup me brûlera le cœur.

Et, brusque, du désert vermeil,
Il vient, il vient, il vient !... Hui ! l'alouette est prise !
Et, brusque, du désert vermeil,
Un aigle fou m'emportera dans le soleil.

PETITE CHANSON
(D'après la chanson de Guilleri-Guilloré.)

Mon bien-aimé descend la colline fleurie
        De blé noir,
Très lentement par les champs pâles... C'est le soir.

Voilà mon bien-aimé !... — Suis-je bien aguerrie,
        Ma raison ? —
Oui, le voilà qui passe auprès de ma maison.

Ne me regarde pas, bien-aimé, je t'en prie,
        Si jamais
Ton regard n'était pas assez doux, j'en mourrais !

Ne me dis rien, tais-toi bien-aimé, je t'en prie,
        Si jamais
Ton accent n'était pas assez doux, j'en mourrais !

Mon bien-aimé passa voilé de rêverie,
        L'âme ailleurs,
Sans me rien dire hélas ! sans me voir et j'en meurs.

CHANSON

Mon bien-aimé s'en fut chercher l'amour
Dès le matin parmi les fleurs écloses.
Pour le trouver il effeuillait les roses
Couleur du soir, de l'aurore et du jour.
Mon bien-aimé n'a pas trouvé l'amour.

Je l'attendais, pâle et grise lavande,
Et tout mon cœur embaumait son chemin.
Il a passé... j'ai parfumé sa main,
Mais il n'a pas vu mes yeux pleins d'offrande.

Mon bien-aimé s'en fut chercher l'amour
Au verger mûr quand midi l'ensoleille.
Pour le trouver il goûtait la groseille,
La pomme d'or, la pêche, tour à tour...
Mon bien-aimé n'a pas trouvé l'amour.

Je l'attendais, fraise humble à ses pieds toute
Et mon sang mûr embaumait son chemin
Hélas ! mon sang n'a pas taché sa main.
Il a marché sur moi, suivant sa route.

Vent du ciel ! vent du ciel éparpille mon cœur !
Je n'en ai plus besoin. Ô brise familière,
Perds-le ! Dessèche en moi ma source, éteins ma fleur,
Ô vent, et dans la mer va jeter ma poussière !

CHANSON

Quand il est entré dans mon logis clos,
J'ourlais un drap lourd près de la fenêtre,
L'hiver dans les doigts, l'ombre sur le dos...
Sais-je depuis quand j'étais là sans être ?

Et je cousais, je cousais, je cousais...
— Mon cœur, qu'est-ce que tu faisais ?

Il m'a demandé des outils à nous.
Mes pieds ont couru, si vifs, dans la salle,
Qu'ils semblaient, — si gais, si légers, si doux, —
Deux petits oiseaux caressant la dalle.

De-ci, de-là, j'allais, j'allais, j'allais...
— Mon cœur, qu'est-ce que tu voulais ?

Il m'a demandé du beurre, du pain,
— Ma main en l'ouvrant caressait la huche —
Du cidre nouveau, j'allais et ma main
Caressait les bols, la table, la cruche.

Deux fois, dix fois, vingt fois je les touchais...
— Mon cœur, qu'est-ce que tu cherchais ?

Il m'a fait sur tout trente-six pourquoi.
J'ai parlé de tout, des poules, des chèvres,

Du froid et du chaud, des gens, et ma voix
En sortant de moi caressait mes lèvres...

Et je causais, je causais, je causais...
— Mon cœur, qu'est-ce que tu disais ?

Quand il est parti, pour finir l'ourlet
Que j'avais laissé, je me suis assise...
L'aiguille chantait, l'aiguille volait,
Mes doigts caressaient notre toile bise...

Et je cousais, je cousais, je cousais...
— Mon cœur, qu'est-ce que tu faisais ?

CHANT DE ROUGE-GORGE

Au mois de mai j'avais le cœur si grand
Que pour l'emplir je me suis en allée
Cherchant l'amour, sans savoir quelle allée,
Pour le rencontrer, quel chemin on prend...

Rouge-gorge, au fond du bois incolore,
Au bout des sentiers dont il te souvient,
Du printemps, sais-tu s'il en reste encore ?
            L'hiver vient...

J'allais, j'allais. Où trouver de l'amour ?
Au bas de la côte, au faîte, derrière ?
Au fond du bois, au bout de la rivière ?
Ici, là-bas, à ce prochain détour ?...

Rouge-gorge, au fond du bois incolore,
Au bout des sentiers dont il te souvient,
De l'été, sais-tu s'il en reste encore ?
            L'hiver vient...

Quand je le vis, je n'osai pas à temps
M'en approcher ou lui faire une avance ;
Je l'attendais ouvrant mon cœur immense...
Il n'est tombé qu'une goutte dedans...

Rouge-gorge, au fond du bois incolore,
Au bout des sentiers dont il te souvient,
Du soleil, sais-tu s'il en reste encore ?
              L'hiver vient...

Est-ce là tout, cette goutte, est-ce tout ?
Je voudrais bien recommencer l'année,
La goutte d'eau qui m'était destinée,
Je voudrais bien la boire encore un coup...

Rouge-gorge, au fond du bois incolore,
Au bout des sentiers dont il te souvient,
Des feuilles, sais-tu s'il en reste encore ?
              L'hiver vient...

Est-ce bien tout ?... Peut-être, dans un coin
Que j'oubliai, peut-être avant la neige,
Un peu d'amour encor le trouverai-je,
Peut-être ici, peut-être un peu plus loin...

Rouge-gorge, au fond du bois incolore,
Au bout des sentiers dont il te souvient,
Du bonheur, sais-tu s'il en reste encore ?
              L'hiver vient...

CHERCHE TA PLACE

Je m'en vais cheminant, cheminant, dans ce monde,
Chaque jour je franchis un nouvel horizon.
Je cherche pour m'asseoir le seuil de ma maison
Et mes frères et sœurs pour entrer dans leur ronde.

Mais las ! J'ai beau descendre et monter les chemins,
Nul toit rêveur ne m'a reconnue au passage,
Et les gens que j'ai vus ont surpris mon visage
Sans s'arrêter, sourire et me tendre les mains.

Va plus loin, va-t'en ! qui te connaît ? Passe !
Tu n'es pas d'ici, cherche ailleurs ta place...

J'ai vu sauter dans l'herbe et rire au nez du vent
Des filles pleines d'aise et de force divine
Qui partaient, le soleil sur l'épaule, en avant,
L'air large des pays en fleurs dans la poitrine...

Ah ! pauvre corps frileux même sous le soleil
Qui sans te ranimer te surcharge et te blesse.
Toi qu'un insecte effraye, ô craintive faiblesse,
Honteuse d'être pâle et d'avoir tant sommeil.

Va plus loin, va-t'en ! Qui te connaît ? Passe !
Tu n'es pas d'ici, cherche ailleurs ta place.

Ainsi qu'à la Saint-Jean les roses de jardin,
Fleurs doubles dont le cœur n'est plus qu'une corolle,
J'ai regardé fleurir autour de leur festin
Les reines, les beautés qu'on aime d'amour folle.

Las ! je t'ai vue aussi, toi, gauche laideron,
Mal faite, mal vêtue, âme que son corps gêne,
Herbe sans fleur que le vent sèche avec sa graine
Et que ne goûterait pas même un puceron...

Va plus loin, va-t'en ! Qui te connaît ? Passe !
Tu n'es pas d'ici, cherche ailleurs ta place.

De rien sachant tout faire, ici menant le fil,
Puis là, dessus, dessous, vite, vite, des fées,
Sous leurs doigts réguliers trouvent un point subtil,
Sans avoir l'air de rien, calmes et bien coiffées...

Toi qui pour ton travail uses le temps en vain,
Toi dont l'aiguille borgne, attentive à sa piste,
Pique trop haut, trop bas, choppe, accroche, résiste,
Prise aux pièges du fil tout le long du chemin,

Va plus loin, va-t'en ! Qui te connaît ? Passe !
Tu n'es pas d'ici, cherche ailleurs ta place.

D'autres, fermes esprits, têtes pleines de mots,
Connaissent tout : les dieux, les pays, leur langage,
Les causes, les effets, les remèdes, les maux,
Les mondes et leurs lois, les temps et leur ouvrage...

Tête qui fuis, et tel un grès à filtrer l'eau.
Laisse les mots se perdre à travers ta cervelle,
Ignorante qui crois que la terre est nouvelle
Tous les matins, et tous les soirs le ciel nouveau,

Va plus loin, va-t'en ! Qui te connaît ? Passe !
Tu n'es pas d'ici, cherche ailleurs ta place.

D'autres ont pris leur rêve au piège et l'ont tout vif
Enfermé malgré lui dans leur strophe sonore
D'airain vaste, d'or calme ou de cristal plaintif,
Et l'applaudissement des hommes les honore...

Mais toi ! Tes rêves, comme un vol de moucherons,
T'étourdissent, dansant autour de tes prunelles,
Et ta main d'écolier trop lente pour leurs ailes
Sans en saisir un seul s'égare dans leurs ronds.

Va plus loin, va-t'en ! Qui te connaît ? Passe !
Tu n'es pas d'ici, cherche ailleurs ta place.

D'autres, se retirant à l'ombre de leurs cils,
Patients, cherchent la vermine de leur âme
Et pèsent dans l'angoisse avec des poids subtils
Son ombre et sa clarté, sa froidure et sa flamme.

Mais toi qui cours à Dieu comme un petit enfant,
Sans réfléchir, toi qui n'as pas d'autre science
Que d'aimer, que d'aimer et d'avoir confiance
Et de te jeter toute en ses bras qu'Il te tend,

Va plus loin, va-t'en ! Qui te connaît ? Passe !
Tu n'es pas d'ici, cherche ailleurs ta place.

Sans beauté ni savoir, sans force ni vertu,
Être qui par hasard ne ressemble à personne,
Je sais bien qui je suis, l'amour ne m'est pas dû
Et ne pas le trouver n'a plus rien qui m'étonne.

Mais malgré moi j'ai mal... De l'hiver à l'hiver,
Je m'en vais et partout je me sens plus lointaine,

Seule, seule, et le cœur qu'en silence je traîne
Me semble un poids trop lourd, sombre, inutile,
                                                        [amer...

Va plus loin, va-t'en ! Qui te connaît ? Passe !
Tu n'es pas d'ici, cherche ailleurs ta place.

Bah ! c'est au même lieu que les chemins divers
Aboutissent enfin, le mien comme les vôtres.
Bonne à rien que le sort conduisit de travers,
Je ferai mon squelette aussi bien que les autres.

Mais où me mettrez-vous, mon Dieu ?... Pas en enfer ;
Je n'eus pas dans le mal assez de savoir-faire.
Et pas au paradis : je n'ai rien pour vous plaire...
Hélas ! me direz-vous comme le monde hier :

Va plus loin, va-t'en ! Qui te connaît ? Passe !
Tu n'es pas d'ici, cherche ailleurs ta place.

N'aurai-je au dernier jour ni feu, ni lieu, ni toit
Où reposer enfin ma longue lassitude ?
Ou m'enfermerez-vous — hélas ! que j'aurai froid ! —
Dans une lune vide avec ma solitude ?...

Mais à quoi bon, Seigneur, chercher la fin de tout ?
Vous arrangerez bien ceci sans que j'y songe.
Je m'en vais, mon chemin dénudé se prolonge...
Vous êtes quelque part pour m'arrêter au bout.

CHANSON

Nous étions deux sœurs chez nous :
    La laide et la belle.
L'une avait les yeux si doux
    Que tous après elle
Couraient sans savoir pourquoi.
Sa sœur, l'autre... c'était moi.

Qu'est-ce que nous ferons,
    Ma douce, ma jolie ?
Qu'est-ce que nous ferons ?
Va, nous nous aimerons.

Elle avait cent jolis airs :
    Un timide, un tendre,
Des tristes, des gais, des fiers,
    Cent regards pour prendre
L'amour dans les cœurs tout bas...
Mais moi, je ne savais pas.

Qu'est-ce que nous ferons,
    Ma douce, ma jolie ?
Qu'est-ce que nous ferons ?
Va, nous nous aimerons.

Elle avait quatre beaux temps
    Pour se plaire au monde :
L'hiver, l'été, le printemps,
    L'automne à la ronde,
Pressés d'arriver chacun...
Mais moi, je n'en avais qu'un.

Qu'est-ce que nous ferons,
    Ma douce, ma jolie ?
Qu'est-ce que nous ferons ?
Va, nous nous aimerons.

Elle avait deux paradis :
    L'air des matins roses
Pour sa joie et le logis
    Aux fenêtres closes
Pour son bonheur au soir brun...
Mais moi, je n'en avais qu'un.

Qu'est-ce que nous ferons,
    Ma douce, ma jolie ?
Qu'est-ce que nous ferons ?
Va, nous nous aimerons.

Tant d'amis l'avaient d'amour
    Toute enveloppée,
Qu'elle était, la nuit, le jour,
    Sans cesse occupée
À n'en oublier aucun...
Mais moi, je n'en avais qu'un.

Qu'est-ce que nous ferons,
    Ma douce, ma jolie ?
Qu'est-ce que nous ferons ?
Va, nous nous aimerons.

Lui, c'était lui mon été,
 Ma terre fleurie,
Lui, mon soleil, la bonté
 Unique en ma vie !
C'était lui mon Paradis !
Le seul !... Elle me l'a pris.

Qu'est-ce que nous ferons,
 Ma douce, ma jolie ?
Qu'est-ce que nous ferons ?
Va, nous nous aimerons.

C'est pour lui seul que j'osais
 Me laisser sourire,
En lui je me reposais.
 J'aimais me redire
Tout bas ses mots attendris.
C'est fini... Tu me l'as pris.

Qu'est-ce que nous ferons,
 Ma douce, ma jolie ?
Qu'est-ce que nous ferons ?
Va, nous nous aimerons.

Sans son cœur, avec mon cœur,
 Maintenant que faire ?
Haïr ? Attendre, ô ma sœur,
 Que le vent contraire
Jette ton bonheur à bas ?
Te haïr... Je ne peux pas.

Qu'est-ce que nous ferons,
 Ma douce, ma jolie ?
Qu'est-ce que nous ferons ?
Va, nous nous aimerons.

Ô toi qui, sans le savoir,
    De mon mal es cause,
Est-ce que je puis te voir,
    Ma petite rose,
Sans t'aimer aussi ?... Pourtant,
De te voir je souffre tant !

Qu'est-ce que nous ferons,
    Ma douce, ma jolie ?
Qu'est-ce que nous ferons ?
Va, nous nous aimerons.

Chère grâce, dis, pourquoi
    Es-tu si jolie ?
Ah ! qu'il ait assez de moi,
    Qu'il t'aime et m'oublie,
Ce n'est que juste !... Et pourtant,
Faut-il que je souffre tant ?

Qu'est-ce que nous ferons,
    Ma douce, ma jolie ?
Qu'est-ce que nous ferons ?
Va, nous nous aimerons.

Aimons-nous bien, aimons-nous,
    Je suis assez forte
Pour souffrir un peu pour vous.
    Ce n'est rien... Qu'importe,
Quand vous serez trop joyeux,
Que je détourne les yeux.

Qu'est-ce que nous ferons,
    Ma douce, ma jolie ?
Qu'est-ce que nous ferons ?
Va, nous nous aimerons.

Vous voir, le cœur apaisé,
    J'y suis mal habile.
Mais t'aimer, le cœur brisé,
    Ce m'est plus facile.
Va, peut-être aime-t-on mieux
Avec des pleurs dans les yeux.

Qu'est-ce que nous ferons,
    Ma douce, ma jolie ?
Qu'est-ce que nous ferons ?
Va, nous nous aimerons.

DIALOGUES

Comme la tombe sur les morts mon cœur est lourd,
La tombe sur les morts close avec de la pierre.
Mes yeux veulent toujours regarder en arrière.
Qu'ai-je donc égaré le long du temps qui court ?

— Va prier le soleil pour que mon champ prospère,
C'est ta dot qui mûrit dans nos blés.
                                         — Oui, mon père.

Depuis qu'on a fermé la porte sur ses pas,
La nappe du festin est à jamais pliée.
Je ne sais pas s'il m'a tout à fait oubliée,
Mais quand je le rencontre il ne me parle pas.

— Sommes-nous au couvent ? Cette robe sévère,
Ôte-la. Mets ta robe à volants.
                                         — Oui, ma mère.

J'ai mal... je ne sais pas où souffrir me conduit,
Et dans mon cœur j'entends un rossignol de flamme
Désespéré qui chante, chante à perdre l'âme.
Mais j'attends pour pleurer, comme j'attends la nuit !

— Sœur, la chanson d'amour que tu savais naguère,
Celle où passe un oiseau, chante-la...

> — Oui, mon frère.

Quand donc viendra la mort dont les pas font frémir
Pour qu'enfin de l'aimer, enfin ! je me repose...
Il sera doux le jour où de la chambre close
On joindra les volets pour me laisser dormir.

— Sœur, partons ! Serais-tu par hasard endormie ?
Le bal est commencé. Vite, allons !

> — Oui, ma mie.

1904.

L'ÉPOUVANTE

Bon appétit, cher vieux et chère vieille !
Nous voici tous les trois rompant le même pain,
À table, assis en paix. Chers vieux, avez-vous faim ?
Qu'est-ce que notre vie hier, ce soir, demain ?
    Une chose longue et toujours pareille.

Nos jours sur nos jours dorment sans bouger.
Nos yeux n'attendent rien en regardant la porte.
La servante va, vient, apporte un plat, l'emporte,
C'est tout... Quel froid aigu me perce de la sorte ?
    Emportez tout ! Je ne peux plus manger.

Un soir, ainsi, la table sera mise
À la même lueur des mêmes chandeliers,
L'horloge hachera l'heure à coups réguliers,
Et moi, seule, entre tous nos objets familiers,
    J'aurai le cœur plein de brusque surprise.

Je chercherai longtemps autour de moi,
À ma gauche, toi, père, et toi, mère, à ma droite ;
J'écouterai respirer la maison étroite,
Stupéfaite, perdue et l'âme maladroite
    Se heurtant partout sans savoir pourquoi.

J'essayerai d'y voir, de tout reconnaître,
Les carreaux effrités et la tenture à fleurs,
Cherchant dans les dessins du marbre, ses couleurs,
Notre passé comme une trace de voleurs,
    Tel un chien qui suit l'odeur de son maître.

Et chaque profil du temps ancien,
Je le retrouverai, les yeux béants, stupide,
Considérant, le cœur trahi par chaque guide,
Tous les objets présents et la demeure vide...
    — Mère, laissez-moi, je ne veux plus rien. —

Mère, toi, mère à ma droite attablée,
Tu sortiras dehors par cette porte un jour.
Les gens endimanchés t'attendront dans la cour.
Passant au milieu d'eux, tout droit et sans retour,
    Tu conduiras ta dernière assemblée.

Ô père, un soir, comme ces étrangers
Qu'on chasse dans la nuit, un soir de sombre alerte,
T'arrachant de ton lit, chose d'un drap couverte,
On te jettera hors de ta maison ouverte...
    C'est vrai... c'est sûr... Et pourtant vous mangez.

Vous irez errants parmi des ténèbres,
— Je ne sais pas quelles ténèbres, — dans un trou,
— Je ne sais pas lequel... — Je ne saurai pas où
Vous rejoindre et vaguant çà et là comme un fou,
    Je me perdrai sur des routes funèbres.

Et vous mangez ! Tranquilles, vous portez
La gaîté des fruits mûrs à votre lèvre blême !
Laissez-moi vous toucher, je vous ai, je vous aime...
(Pardon, je suis parfois maladroite à l'extrême
    Et sans le vouloir je vous ai heurtés).

Êtes-vous là ? Je vous vois et j'en doute.
Je vous touche, chers vieux, êtes-vous encor là ?
Cette table, ce pain, ces vases, tout cela,
N'est-ce qu'un songe, une forme qui s'envola ?
Une vapeur déjà dissoute ?

Ah ! sauvons-nous vite, n'emportons rien.
D'un seul pas devançant l'heure qui nous menace,
Sans regarder derrière nous, tant qu'en l'espace
Nos pieds épouvantés trouveront de la place,
Cachons-nous bien, vite, cachons-nous bien !

Que n'est-il un lieu sûr, secret des hommes,
De quoi tenir tous trois dans un pli de la nuit,
Fût-ce un cachot, où conserver le temps qui fuit !
Hélas ! le ciel nous voit, la terre nous poursuit
Partout, la mort est partout où nous sommes.

Petite minute obscure du jour,
Ni bonne, ni mauvaise, incolore, sans gloire,
Minute, vague odeur de manger et de boire,
Tintement de vaisselle et bruit vil de mâchoire,
Minute sans ciel, sans fleur, sans amour ;

Instant mort-né dont le néant accouche ;
Place informe du temps où tous trois nous voici
Arrivés, les yeux pleins d'horizon rétréci,
Mâchant un peu de viande et de pain, sans souci
Que de parfois nous essuyer la bouche ;

Petite minute, ah ! si tu pouvais,
Toujours la même en ton ennui paralysée.
Durer encor, durer toujours, jamais usée,
Et prolonger sans fin, sans fin éternisée,
Notre geste étroit de manger en paix !

FANTAISIE À PLUSIEURS VOIX
(Sur un thème de Mozart.)

I

PRÉLUDE

Mes vers, venez, mes vers, amusons-nous ensemble.
Vous êtes pour moi seule et nous avons congé.
C'est moi qui vous le dis. Je suppose que j'ai
Le droit de vous le dire un peu si bon me semble.

Venez ! Qu'est-ce qui dit que mon cœur de ce soir,
Ce nid tout palpitant de jeunes mots qui bouge,
Est au maître d'école et pour son encre rouge
Et qu'il faut proprement en extraire un devoir ?

Qu'est-ce qui croit qu'autour d'un laurier de poètes
En pot, nous allons tondre et sarcler mon printemps
Et que pour contenter trois vieux — s'ils sont
                                        [contents !
Je vais mettre en pâté pour eux mes alouettes ?

Qu'est-ce qui croit, l'imbécile, que c'est pour lui,
Cette musique en moi qui se gonfle, ce fleuve
Brusquement répandu de grâce toute neuve ?
Mon cœur, qu'est-ce qui croit que c'est le bien d'autrui !

Mes vers laissons dehors ces gens-là. Je veux rire
Et chanter et pleurer pêle-mêle avec vous.
Écoutez-moi, répondez-moi, poursuivons-nous
Comme de chers enfants pleins d'amour à se dire.

Je suis tellement seule... Ah ! mes vers, je sais bien
Que le Destin qui sert tant de gens à la ronde
Ne peut pas donner du bonheur à tout le monde...
Quand j'arrivai, sans doute, il ne lui restait rien.

Voyez, tous les chemins qui mènent à mon âme
Sont déserts. Si quelqu'un d'aventure y passa,
Il est toujours resté plus ou moins en deçà
De l'ombre où j'ai ma source, et mon trouble, et ma
                                        [flamme.

Et j'ai beau m'y fier, nul espoir à présent,
Parmi tant de tendresse enfin désabusée
N'est assez fort, le soir, quand ma force est usée,
Pour soulever de dessus moi le temps pesant.

Je suis toute petite et n'ai pas de grand'mère
Qui m'encourage au seuil des heures quand j'ai peur
Et de ses vieilles mains ramène sur mon cœur
Le duvet tremblotant d'une pauvre chimère ;

Pas une guérisseuse au chant calme, un ami,
Un seul dont les pas clairs rassurent ma nuit sombre ;
Pas un cœur sûr, profond comme un berceau dans
Où laisser le fol mien tomber tout endormi ;   [l'ombre

Pas un vrai maître auquel abandonner ma vie
Comme une charge obscure et de peu de valeur
Pour qu'il tire à son gré du bonheur, du malheur,
De ce dépôt qu'une ignorante lui confie ;

Pas d'époux hardiment entré dans tous mes vœux
Qui traverse mon mal avec moi dans la brume
Et change tout d'un coup mon destin d'amertume
En effleurant du bout de ses doigts mes cheveux.

Nul amour ne me reste où mon âme abondante
Ait pu répandre un peu sa douceur qui coulait.
Je n'ai pas de petits à qui donner le lait
De ma jeunesse mûre, attiédie et fondante,

Ô mes vers que voilà si plaintifs et si doux,
Puisque le Créateur ne m'a pas fait de joie,
Venez, vous que du moins à mon aide il envoie,
Je me veux inventer un bonheur avec vous.

Venez !... Vous, vous serez, paisibles, la grand'mère
Qui rassemble autour d'elle aussitôt qu'il fait noir
Mes songes inquiets et les emmène voir
Les fleurs d'un conte bleu hors de la nuit amère.

Venez !... Vous, vous serez, vous gais, vous ingénus
Qui ne prévoyez rien, les petits camarades
Qui bousculent un beau matin mes pensers fades
Pour courir au soleil le front et les pieds nus.

Venez !... Vous, vous serez, naïfs, la bonne femme
Qui l'été va cueillir des simples dans les champs,
Des mauves, du plantain et qui connaît des chants
Pour arrêter le feu de la fièvre dans l'âme.

Venez !... Vous, vous serez l'enfant sur mes genoux
Que j'allaite en secret, que je berce en cachette,
Et vous... oh ! vous !... l'époux en qui mon cœur se
                                                    [jette....
— Peut-être un plus réel n'est-il pas aussi doux ?

Venez !... Soyez-moi tous mes amis ! Mon cœur cède
Au poids de sa tendresse. Avant qu'il soit perdu,
Venez, recueillez-le, vite, mes vers, à l'aide !
Il se rompt. Comme un fruit trop mûr il s'est fendu.

Entourez-moi... J'avais dans l'âme une fontaine
Que je ne peux plus contenir. Sa douce voix
A roulé sur la mousse en fleur, son eau lointaine
A caressé la violette au fond des bois ;

Les ailes des oiseaux y bougent, l'ombre y passe,
Puis le soleil, puis l'ombre ; elle emporte les cieux,
Tantôt pleine du bleu sans bornes de l'espace,
Tantôt du brusque noir d'un nuage anxieux ;

Elle fuit... Les ramiers qui s'envolent par couples
Y laissèrent ce soir tomber un duvet doux.
Entourez-moi, mes vers, tendez-moi vos mains souples
Et je la répandrai toute vive sur vous.

Vous retiendrez le bond de mes sources intimes
Encor mouvant dans vos paumes aux bords étroits
Et laisserez couler mon cœur entre vos rimes
Comme de l'eau courante et pure entre les doigts.

II

ANDANTE

Longtemps, longtemps, longtemps... depuis que je suis
                                                    [née,
J'ai dans l'ombre sans fin préparé dans mon cœur
— Ai-je fini ? Le soir m'a toute environnée —
J'ai préparé dans mon cœur toute la journée
      Une place pour le bonheur.

Est-elle prête ? Là, j'ai caché des paroles
Que je n'ai pas encore dites, non vraiment,
Elles sont pour parler trop douces et trop folles.
Un soir... — en attendant j'en use de frivoles —
Je les retrouverai je ne sais pas comment.

J'ai là... j'ai conservé, s'il en veut, mon enfance,
Son rire neuf — il n'a guère servi — ses yeux
Que l'heure belle étonne et son cœur sans défense
Qui va s'abandonner sans rien peser d'avance,
Un peu prompt, un peu fou, d'un mouvement joyeux.

J'ai là ses jeux naïfs, ses élans, sa folie
Qui rebrousse chemin, soudain prise de peur,
S'enfuit, se laisse prendre et tout le reste oublie.
Et là-dedans mêlée une mélancolie
Prête à pleurer, la sotte ! au plus doux du bonheur.

Et j'ai là — je suis sage aussi — de la lumière
Pour nos chemins de nuit, même un peu de raison,
Pas trop mais presque assez pour passer la première
Quand il fera plus noir que l'ombre coutumière,
Si le bonheur hésite, un soir, dans la maison.

. . . .

Suis-je prête ? J'attends et je ne sais que faire
En attendant pour lui qui tarde. Il va venir.
Je vais, je viens, je vais, cherchant ce qu'il préfère,
Pour rassembler en moi de quoi le satisfaire
        Tout le long de notre avenir.

Et je songe en allant et venant, et j'invente
Mille secrets tout neufs pour recevoir l'Amour
Dans ma pauvre demeure et des soins de servante
Pour qu'il s'y trouve bien à jamais, moi vivante,
        Et n'en cherche pas d'autre un jour.

J'ourle la toile à points tout petits pour qu'il aie
Mon beau linge ; pour lui, je réveille au matin
La bonne humeur de la maison luisante et gaie ;
J'en chasse tout le gris, je range, je balaye,
　　　Je cueille une rose au jardin.

J'apprête les repas pour qu'un jour il y goûte ;
Je choisis à son goût ma robe d'aujourd'hui ;
Si j'apprends des chansons, c'est pour qu'il les écoute ;
Je retiens en passant le beau de chaque route
　　　Pour y repasser avec lui.

Qu'il vienne avec sa charge et son deuil ! j'ai de l'aide
Pour son travail et pour ses rêves de l'espoir ;
Pour son œuvre, la foi ; pour son mal, un remède,
Et du cœur plus que lui si jamais son cœur cède,
　　　Pour porter nous deux son devoir.

Et puis, ô mon Amour ! — car tant d'amour est
　　　　　　　　　　　　　　　　　　　[vaine
Et je n'ai rien de plus que moi pour vous l'offrir —
Si d'être aimée, un jour je ne vaux plus la peine,
J'aurai... d'humble pardon j'ai déjà l'âme pleine,
　　　Déjà j'en commence à mourir.

Suis-je prête ?... Ah ! j'ai beau lui préparer sa joie,
Tout me manque ! Beauté, charme, esprit, je n'ai
　　　　　　　　　　　　　　　　　　　[rien.
Ô mon Dieu, que ne puis-je avant qu'il ne me voie
Me changer pour une autre ou tant faire qu'il croie
　　　Par moments que je lui plais bien.

Suis-je prête ?... Le soir autour de moi frissonne.
J'ai filé de la joie en mon cœur tout le jour...
Qui s'en doute ? Personne. Ah ! tant mieux ! Pour
　　　　　　　　　　　　　　　　　　　[personne.

— Passez gens ! Pour vous tous voilà ma voix qui
    Je n'ai d'âme que pour l'Amour.   [sonne
. . . .

L'Amour... Ah ! le temps fuit et me laisse ! La veille
Dans un lendemain vide est tombée. Et je vais
Toute seule, et pourtant, avant d'être si vieille,
J'avais quelque douceur... Je crois que j'en avais.

L'Amour n'aura pas su comme j'étais charmante.
S'il avait su ! Jamais il n'a vu ma beauté.
Il n'a pas même regardé de mon côté.
Tout est perdu de moi qui n'étais rien qu'aimante.

Tout est perdu, ce que je suis et ce que j'ai,
Comme de l'eau qui n'a personne pour la boire,
Comme un morceau de pain que nul n'aura mangé.
Et voilà qu'il me reste une âme dérisoire

Pleine d'un don immense et lourd sans rien donner,
Et de soumission sans maître ; qui déborde
D'amour hors de l'Amour et de miséricorde,
Hélas ! sans avoir rien au monde à pardonner.

Il me reste ce chant de trop que nul n'écoute.
Tout est perdu de moi, tout mon travail secret.
Tant pis pour moi, tant pis ! Mais comme j'ai regret
Que tant de joie échappe à ce cœur seul en route,

Celui que j'attendais et qui loin s'en alla,
S'égare et comme il peut à tous les vins s'enivre
Mais qui n'a pas trouvé de bonheur de quoi vivre,
Et qui pleure, et qui saigne. Et mon cœur était là !

Et c'en est un pareil qu'il cherche, qu'il réclame...
C'est ma faute, ô mon Dieu ! je l'ai trop bien caché.
Je n'ai jamais bien su moi-même où. J'ai péché,
Mon Père ! Nul n'aura profité de mon âme.

Ah ! du moins pour mourir demain en sûreté,
Que n'ai-je offert à Vous ce pauvre amour sans armes,
Ces soins, ce bondissant sacrifice, ces larmes,
Au bout cela m'eût fait beaucoup de sainteté.

Mais je n'ai rien cherché qu'à me faire jolie
Au fond du cœur pour le plaisir de mon époux
Et ne pensant qu'à lui n'ai songé guère à Vous.
Et toute ma vertu pour rien n'est que folie ;

Et je ne vous rendrai quand Vous tendrez les mains
Aux fruits de mes saisons, qu'un inutile charme,
Et j'aurai peur de Vous si rien ne Vous désarme
Lorsque Vous pèserez ce vide et mes jours vains.

Ah ! Père Créateur qui jugerez ma cause,
Souvenez-Vous alors doucement du plaisir
Qu'un jour Vous eûtes à créer d'un seul désir
Le bleu de Votre ciel, cette inutile chose,

Les bêtes à Bon Dieu qui ne servent à rien
Qu'à réjouir le bord des feuilles, le col rose
Des liserons oiseux, le parfum de la rose
Qui s'exhale et se perd sans faire d'autre bien,

Et cette voix de rossignol dans la nuit close.
. . . .

Assez, Jeanne qui pleure.
Assez, assez, assez !
Ton cœur m'ennuie, assez ! Je bâille. À tout à l'heure !
Jean qui rit, mon cousin, me menez-vous danser ?

III

DANSE

Dansons la Capucine...
Que le bonheur est doux !
J'en vois chez la voisine
Mais ce n'est pas pour nous.

Mes vers, dansons la ronde,
Mes vers jeunes et fous,
Je n'ai plus rien au monde
Que le plaisir de vous.

Ma peine solitaire
Crie à remplir le soir.
Chantons, faisons-la taire,
Dansons dans mon cœur noir.

Dansons, tonton, tontaine,
Chantons un air vermeil
Qui vous prend et vous mène
D'un saut en plein soleil.

Dans mon cœur, hors du monde,
Voici le mois de Mai !...
— Dansons une seconde
Comme si c'était vrai ! —

En moi l'azur se lève
Loin de mon sort obscur,
— Vite dansons en rêve
Comme si c'était sûr ! —

Dansons, chansons légères,
En rond. Donnez vos mains,

Cueillons les passagères
Musiques des chemins.

Entrez tous dans la danse,
Jours tendres, jeunes mois,
Enlacez en cadence
Vos souffles à ma voix.

Mars, entre ! Je t'attrape,
Espiègle ! Vert cabri
Qui de l'hiver t'échappes,
Trop las d'être à l'abri.

Entrez, Avril la folle
Qui rit entre ses pleurs,
Mai dont le cœur s'envole
Dans le pollen des fleurs ;

Entrez ! Sur la pelouse,
Dansez, mois gais, mois purs...
Mais le reste des douze
Est trop vieux ou trop mûr...

Entrez, les enfantines
Minutes du matin
Qui tournez argentines
Au fond d'un vieux jardin ;

Entrez, naïves heures,
Vos nattes dans le dos...
Mais va-t'en, toi qui pleures,
Jeunesse, le cœur gros.

Entrez, les téméraires
Espoirs, d'un saut trop prompt,

Comme des petits frères
Qui se cognent le front ;

Entre, timide joie,
Comme avec sa douceur,
Son col frêle qui ploie,
Une petite sœur ;

Entrez, cousins, cousines,
Jeux, cris, rires légers ;
Entrez, voisins, voisines,
Plaisirs, beaux étrangers.

Sautons dans l'herbe brune
Ou rose avec le vent,
Et sautons dans la lune
Si nous passons devant !

Si quelqu'un nous rencontre,
Giroflé, Girofla,
Dans la lune et nous montre
Qu'il faut sortir de là ;

Si ce garde champêtre
Interroge nos chants,
Gai ! Nous l'enverrons paître
Le trèfle de ses champs.

Si quelque effroi circule
Dans l'ombre tout à coup,
Menons au crépuscule
La ronde au nez du loup.

Dansons ! Si la fortune
Nous rejoint par ici,
Dansons ! De l'importune,
Qui de nous a souci ?

Si la gloire elle-même
Rit à côté de nous,
Dansons, mes vers, je n'aime
Que courir après vous.

Mais si l'amour qui passe
Nous surprend à baller...
Chut ! Laissez-le de grâce
À mi-voix me parler.

IV

RÉCITATIF ET CONTE FANTASQUE

Le soir tombe. Un berger chante au loin... Il fait triste
Tout d'un coup dans la plaine autour de nous. J'ai
                                                [peur...
Grand'mère, un grand chagrin va me sortir du cœur
Tout à l'heure et remplir le monde à l'improviste.

Grand'mère, est-ce un malheur que nous ne voyons
Qui grossit en moi-même ? Est-ce un démon,   pas
                                              [grand'mère,
Qui pousse tant qu'il peut de ma poitrine amère
À mes yeux ce sanglot que je retiens tout bas ?...

Grand'mère .   .   .   .
.   .   — Eh bien ! voyons ! voyons ! N'as-tu pas
                                              [honte ?
Qu'est-ce que c'est ?... Voyons, je vais te dire un
Écoute, il est très gai. Calme-toi, mon petit,   [conte,
J'ai soufflé sur le mal de ton cœur... C'est parti.
Il était une fois un Grand Vent dans la plaine...
Un Grand Vent éperdu qui courait hors d'haleine
Et qui bouleversait en courant l'horizon...

Il était une même fois une Maison,
Une petite Maison claire et bien rangée.
Jamais, à moins depuis qu'on ne me l'ait changée,
De petite souris dans le soir n'y trottait ;
Jamais contre le mur de volet n'y battait ;
Jamais sa porte ne claquait, jamais son heure
N'avançait ni ne retardait, jamais le beurre
N'y crachait de la poêle au nez noir d'un sabot
Et jamais le bouillon ne s'y sauvait du pot.
En vérité c'était une maison bien sage
Assise pour toujours à l'abri, le visage
Tourné hors du soleil qui brûle, hors de l'air
Batailleur qui dérange en avril le ciel clair,
Les murs nets, le toit lisse, un tantinet étroite,
Sur la grand'route sûre d'elle, blanche, droite.

Le Grand Vent qui courait, un soir qu'il était las
De courir — Après quoi ?... Bah : il ne le sait pas —
À travers ce si long, si haut, si large monde,
Un soir, sortant plaintif de la forêt profonde,
A, pour se reposer — il avait bien raison ! —
Épousé sur-le-champ la Petite Maison.
Il est entré dedans, rude, effrayant les portes,
Avec tout un délire épars de feuilles mortes,
De poussières, de graines folles ; la chanson
Des oiseaux, des clochers, des sources ; le frisson
Des herbes, des roseaux, des branches, des ramées ;
Les nuages, le clair de lune, les fumées,
Des brouillards en lambeaux déchirés aux buissons...
Il est entré... Soudain, les lampes allumées
Dans la chambre ont penché la tête brusquement.
Et tandis qu'il laissait mélancoliquement
Tomber sur le plancher craintif son manteau sombre
Plein encore du soir inquiet d'alentour,
La Petite Maison l'a entouré d'amour,

La Petite Maison l'a serré dans son ombre,
La Petite Maison l'a, dans son cœur fermé,
Tendrement abrité, rasséréné, calmé,
La Petite Maison l'a, dans sa paix amie,
Tant bercé que son âme au chaud s'est endormie.
Et pendant qu'il dormait, elle a bien proprement
Balayé la poussière et le frisson charmant
Des herbes, des roseaux, des brandes, des ramées,
Des nuages ; le clair de lune, les fumées,
Les semences, les feuilles mortes, la chanson
Des oiseaux, des clochers, des sources, pêle-mêle,
Et prompte, avant de battre au mur son paillasson,
Les a jetés dehors, secouant avec zèle
Sur le seuil son balai encore tout plein d'ailes.

Or au joli matin, las d'avoir sommeillé
Si longtemps, le Grand Vent, brusque, s'est éveillé.
« Viens, Petite Maison, vite, ouvre-moi la porte.
Vite, il faut pour lâcher du souffle que je sorte.
— Non, non, n'en faites rien ! Ô mon époux chéri,
De grâce écoutez-moi ! Je le sais, mon mari,
Il y a quelque part sur les chemins un rhume,
Une fièvre dans les fossés et, dans la brume,
Je le sais, allez, mon mari, quelque douleur.
Ah ! voulez-vous courir nous chercher un malheur ?
— Quoi, Petite Maison, ne suis-je pas le maître ?
Retirez-vous, je vais sauter par la fenêtre.
C'est la fête d'octobre et je veux y danser
La ronde folle avec les feuilles de l'automne.
Ôtez-vous ! Dans les bois laissez-moi m'élancer...
— Ô mon mari, mon doux mari, Dieu me pardonne,
Vous ne le ferez pas !... Il serait beau, cher fou,
Que votre épouse vous laissât rompre le cou !... »

La Petite Maison alors tout effrayée,
A fermé vitement la porte entrebâillée,

Les sept fenêtres, les lucarnes du grenier,
La chatière, les trous de rat jusqu'au dernier ;
Elle a poussé du poing les verrous sur la porte,
Tourné la clef, tiré tous les rideaux, en sorte
Qu'octobre a beau dehors l'attirer de son mieux,
Le Grand Vent ne peut plus le suivre . . . . . .
. . . . Comme un vieux,
Alors, il s'est assis près de la cheminée
Et souffle sous la bûche au fond ratatinée,
Sur le feu mal en train pour en faire sortir —
Ô merveille ! — de belles flammes agitées
Qui se tordent les mains, folles de repentir,
Qui dansent sans repos, ardentes, irritées,
Et repoussent du bout du pied en s'élevant
Pour se perdre on ne sait pas où, la bûche noire...
Lors, à petits pas gais aussitôt arrivant,
La Petite Maison — ainsi finit l'histoire —
Sereine, sur la flamme a posé sa bouilloire.

V

BERCEUSE DE LA GRAND'MÈRE

Dors maintenant, dors... Détache de ton âme
Ses pensers volants, le bruit du jour, sa flamme,
        Laisse le temps s'en retirer tout bas...
Hier n'est plus, ce soir n'est rien, demain n'est pas.

Dors, ne crains rien, dors... Ce n'est rien que la vie,
Rien... cette minute expirante et suivie
        Déjà d'une autre. Enfant, quels vains effrois !
On n'endure jamais qu'un moment à la fois.
    Dors, ne tourne pas ton cœur pâle en arrière.
    Dors, ne penche pas en avant ta lumière.

Fol est qui souffre au delà de l'instant ;
Le malheur d'aujourd'hui n'en demande pas tant.

Dors, n'attends rien, dors... Prends ce que Dieu te
[donne,
Dors, laisse en aller l'amour qui t'abandonne.
Aime toujours. Va, pauvre enfant peureux,
On n'a pas besoin de bonheur pour être heureux.

Va, tout ira bien, dormons... Après, qu'importe ?
Je vois du soleil sur le seuil de la porte
De quoi poser le pied pour un seul pas.
Pour le second... il est trop tôt, ne cherche pas.

Dors, la paix sur nous sera bientôt levée.
Dors, la Mort sera tout à l'heure arrivée.
Laisse-toi porter par le temps qui court.
Il sait la route, dors... Vivre et mourir est court.

CHANT DE NOURRICE

Pour endormir Madeleine.

Dors mon petit pour qu'aujourd'hui finisse,
Si tu ne dors pas, si c'est un caprice,
        Aujourd'hui, ce vieux long jour,
        Ce soir durera toujours.

Dors mon petit pour que demain arrive.
Si tu ne dors pas, petite âme vive,
        Demain, le jour le plus gai,
        Demain ne viendra jamais.

Dors mon petit afin que l'herbe pousse,
Ferme les yeux : les herbes et la mousse
        N'aiment pas dans le fossé
        Qu'on les regarde pousser.

Dors mon petit pour que les fleurs fleurissent.
Les fleurs qui la nuit se parent, se lissent,
        Si l'enfant reste éveillé,
        N'oseront pas s'habiller.

Mais s'il dort, les fleurs en la nuit profonde
N'entendant plus du tout bouger le monde,

Tout doucement à tâtons,
Sortiront de leurs boutons,

Quand il dormira, toutes les racines
Descendront sous terre au fond de leurs mines
Chercher pour toutes les fleurs
Des parfums et des couleurs.

Les roses alors et les églantines
Vite fronceront avec leurs épines
Leurs beaux jupons à volants
Rouges, roses, jaunes, blancs.

Les nielles feront en secret des pinces
À leur jupe étroite et les bleuets minces
Serreront leur vert corset
Avec un petit lacet.

Les lys du jardin, si nul ne les gêne,
Iront laver leur robe à la fontaine
Et le lin qui fit un vœu
Passera la sienne au bleu.

Les gueules de loup et les clématites
Monteront leur coiffe et les marguerites
Habiles repasseront
Leurs bonnets et leur col rond.

Et quand à la fin toutes seront prêtes
En robes de noce, en habits de fête,
Alors, d'un pays lointain,
Arrivera le matin.

Et saluant toute la confrérie,
Le matin pour voir la terre fleurie,
Du bout de son doigt vermeil
Rallumera le soleil.

Et pour que l'enfant, mon bel enfant sage,
Voie aussi la terre et son bel ouvrage,
     Il enverra le soleil
     Le chercher dans son sommeil.

Viens, mon petit, viens voir, chère prunelle,
Pendant ton somme, écoute la nouvelle,
     Notre jardin s'est levé...
     Aujourd'hui est arrivé !

MAISONS EN DÉCEMBRE

(Conte de nourrice pour amuser le temps.)

Mon petit compagnon, reste en notre demeure.
Laissons les mauvais pas circuler à cette heure :
Tu les rencontreras dans l'ombre si tu sors.
Derrière le buisson le loup se met en route,
Mon petit compagnon, reste chez nous. Écoute,
Je te raconterai ce que l'on voit dehors.

La ville au loin se tient dans le froid assoupie,
Sans bouger, comme un nid posé sur l'horizon...
L'église est, sur le haut de la ville, accroupie
Comme une poule grise et couve les maisons
Qui sur la pente en capuchons de tuile brune,
Pour s'échauffer se serrent l'une contre l'une.
Et tandis que la neige ensemble les confond,
Sous leurs toits de plus en plus lourds, ratatinées,
Comme des vieux elles fument leurs cheminées.
Quelles pipes !... Vois-tu la tête qu'elles ont ?
L'une depuis cent ans est noire et culottée ;
L'autre étrenne sa coiffe en tôle tuyautée ;
D'autres ont des bérets attachés sous le cou
Pour empêcher le vent — ce mauvais caractère
Qui sans souci d'autrui s'élance on ne sait où —
Quand il file en courant, de les jeter par terre ;
L'une a son bonnet rond, l'autre un chapeau pointu,

Une crête de coq, un casque... Les vois-tu,
Noires sur les toits blancs au milieu de la neige ?
Et les maisons dessous dont chacune protège,
Pleine de chaleur douce et tranquille au dedans,
Entre ses pans obscurs des chambres de lumière.
Les vois-tu ? Les vois-tu qui, sous les cils prudents
De leurs volets fermés ainsi que des paupières,
Clignent des yeux pour voir passer par tous les temps
La rue en bas, la rue aux quatre vents ouverte,
Qui se hâte, qui court, pauvre jamais-couverte,
Pauvre toujours-dehors, qui n'arrive jamais,
Jamais à son logis pour y rentrer en paix.

Mon petit compagnon, la nuit est bien mauvaise.
Reste assis près de moi sur ta petite chaise
Au coin du feu dansant enfermé par le soir.
Six heures vont sonner. Il fait bon dans la chambre.
Reste... Veux-tu savoir ce qu'ailleurs fait décembre
Et tout ce qui se passe au loin dans le temps noir ?...

La nuit remplit la ville. Il se fait tard. La rue
Court à travers le soir, court avec tous ses gens
Aveuglés en tous sens par la neige bourrue :
Des commis, des garçons qui trottent, diligents,
Et poussent à grand train leur petite voiture ;
Des bandes d'écoliers en capuchons pointus
Qui laissent les chemins juste au milieu battus
Pour glisser, leurs cahiers serrés dans la ceinture,
Sur des ruisseaux gelés et sur la neige dure ;
Des gamines quittant à petits pas craintifs
Le seuil de leur école où l'étude s'achève
Pour le sentier glacé tout saupoudré de grève,
De cendre ou de poussier sous les pieds attentifs
Et s'en allant par là vers la maison lointaine,
À la file, avec leurs paniers brodés de laine
Qu'elles changent de main pour souffler sur leurs doigts ;

Des petits clercs, un cache-nez sur leurs nez froids ;
Des laveuses ployant l'échine sous leurs hottes,
Les poings entortillés d'un fichu ; des dévotes
Qui sortent de l'église après le chapelet
Et dont sur le parvis un vieux vent aigrelet
A pincé jusqu'aux os la face rétrécie ;
Des femmes se hâtant vers quelque pharmacie
Ou rapportant du pain ; le facteur, le laitier ;
Des ouvriers d'usine et d'autres du chantier
Qui rentrent du travail et, sur le trottoir sombre,
Ainsi qu'un ver-luisant qui bouge dans la nuit,
Un allumeur de réverbères qui conduit
Çà et là sa lueur et l'accroche dans l'ombre.
Tous, le monsieur fourré qui sort pour un gala,
Les gens qui vont par-ci, les gens qui vont par-là,
Ceux qui dehors encore ont quelque chose à faire,
Ceux qu'on attend et ceux qui ne vont nulle part,
Tous, comme si la ville était toute en retard,
Courent sans s'arrêter, chacun à son affaire,
À son repos, et l'ombre, et la neige, et le vent
Les poussent pêle-mêle, en arrière, en avant,
À droite, à gauche, avec leurs chemins que retardent
Des bourrasques parfois aux carrefours obscurs...
Et les vieilles maisons, sous leurs capes de murs,
Rient et de leurs bons yeux éclairés les regardent...
... Ils courent... L'un suit l'autre en la nuit... vers la
La neige luit par terre... Au ciel la lune luit.   [nuit.

Mon petit compagnon, tous ceux qui sont en route,
Sais-tu ce qui les fait courir si vite ?... Écoute
Ronronner les maisons le long du chemin noir
Comme des chats heureux dont la place est bien
Écoute-les, à l'heure où le loup triste rôde,   [chaude,
Appeler les passants attardés dans le soir :
« Hâtez-vous ! La nuit vient !... Courez !... elle est
La nuit pleine déjà d'aventure inconnue,   [venue...

La voilà ! Hâtez-vous ! Si vous ne rentrez pas,
De la lune sur vous tomberont des frimas ;
Les étoiles du ciel, perçantes, acérées,
Qui sortent de leur ruche en phalanges serrées,
De leurs rayons aigus vous perceront les doigts ;
Les vents coupants courront sur vous tous à la fois ;
Les bises de minuit à des fouets pareilles
Vous cingleront le nez, le menton, les oreilles...
Vite, dépêchez-vous, bonnes gens, il est tard
Et nous vous attendons chacune quelque part,
Vers vos chemins obscurs la fenêtre tournée
Pour éclairer vos pas et de plus loin vous voir.
Venez-vous ? Nous avons ramassé pour le soir
Patiemment tous les bonheurs de la journée.
Le feu danse, nous avons chaud, la lampe luit,
L'eau chante sa chanson d'hiver, le souper cuit
Et ses grasses odeurs alentour se répandent :
La chaleur s'est nichée au fond des vieux chaussons
Qui sur le bord du feu deux à deux vous attendent...
Hâtez-vous, père, mère, enfants, filles, garçons,
Rassemblez-vous au lieu le plus doux de la terre,
Car nous vous attendons... Hâte-toi, solitaire,
Car ton petit charbon depuis la fin du jour
S'épuise sous la cendre à guetter ton retour.
Hâtez-vous ! Entrez tous dans la lumière rose
Que recouvre le toit, que la porte tient close
Et cache derrière elle... Arrive !... Encore un pas...
As-tu la clef ? Ouvre vite !... Ne l'as-tu pas ?...
L'as-tu ?... Cherche-la bien... Tu l'as ?... Ouvre la porte,
Prends bien garde en entrant que la chaleur ne sorte...
Et vous autres dehors, allez, c'est pour plus loin.

    .   .   .   .

Mais toi, dis, vagabond, où vas-tu ? Dans quel coin
As-tu ton lit, ton feu, ton souper à cette heure ?
Dis, laquelle de nous est ta chère demeure ?

Ce n'est pas moi — Ni moi — Nous voudrions
Et te prêter un bout de toit pour te couvrir.   [t'ouvrir
As-tu la clef du grenier vide au quatrième ?
Ou celle du hangar ? Rien... Rien... Entre quand
                                                    [même,
Nous te trouverons bien dans l'ombre un vieux réduit.
Mais non, tout est fermé. Frappe donc ! Le feu luit,
Il te rira du fond incertain de la chambre,
Il étendra sur toi le bord de sa chaleur,
De loin il soufflera sur tes doigts, sur ton cœur,
Il chassera le froid de ton corps membre à membre,
Rien qu'un instant, pendant que les gens du logis
Te renverront où tu pourras, hors de leur cercle.
Le rôt soulèvera brusquement le couvercle
Qui l'étouffe et soudain, hors de son pot surpris,
Poussera son fumet jusqu'au seuil de la porte,
Jusqu'à ton nez béant que l'odeur réconforte.
Hume-la ! Ce sera toujours autant de pris.
Hélas ! pauvre être ! Hélas, ramasseur de mépris,
C'est tout ce que pour toi nous autres pouvons faire.
Que l'homme fasse plus s'il veut, c'est son affaire...
La neige tombe, va !... Va, va, cherche ton coin...
Va, va sans but, sans fin. Va, va... plus loin... plus
                                                    [loin !

Mon petit compagnon, si le pauvre qui gèle
Entend notre maison heureuse qui l'appelle,
Que ferons-nous s'il frappe aujourd'hui, mon
                                                [mignon ?...
C'est la Vierge Marie ou saint Joseph peut-être
Qui cherchent un endroit pour mener Jésus naître
Ou l'un de leurs pareils que poursuit le guignon.
Si pour voir notre feu dans la chambre il pénètre,
S'il vient, que ferons-nous mon petit compagnon ?

CHANT DE NOËL

Noël ! Noël !
Des clochetons !
Noël ! Noël !
Tous les bourdons
Sautent en chœur jusqu'à la lune,
Noël ! Noël !
Il neige doux
Noël ! Noël !
Des anges flous,
Emmitouflés, dans la nuit brune,
Sonne, sonnez, sonne, allez donc,
Mes belles cloches, dig, ding, dong !

Dos contrefait,
En capeluche
De blanc duvet,
Chante la bûche...
Les flammes font la ronde autour,
En manteaux vifs
Et décoiffées...
Sus aux hâtifs
Châteaux des fées !
Le nain rouge grimpe à la tour
Pour délivrer sa dame rose.
Hui !... Frou !... tout se métamorphose.

Noël ! venez,
La table fume.
Çà, joyeux nez,
Renifle, hume !
C'est fête au fond des escargots
Et dans le jus
Sacré de l'oie...
Vive Jésus !
Et vive joie,
Vous, ô recluses des fagots,
Bouteilles, vieilles mal peignées
En robe de fil d'araignées !

Sans but ni choix,
Ris et paroles,
Tous à la fois
En suites folles
Font des zigzags de papillons.
Noël ! Noël !
Le cœur nous saute,
Noël ! Noël !
Dans la nuit haute,
Jusqu'au battant des carillons...
L'esprit des belles maisonnées
Rit au faîte des cheminées.

La mère rit,
Le père joue,
Le tout petit
Court, se secoue.
Mais notre beau soldat s'assoit
Tout rouge et bleu
Près de grand'mère ;
Le Roi du feu
Les considère
Et s'esclaffe de ce qu'il voit.

Mais il cherche... « Où me l'a-t-on mise ?... »
Avec son promis la promise.

Heu !... crois-je pas
Qu'en l'ombre on cause ?
Que dit-on bas ?
Vers ou bien prose
D'un cantique du temps passé ?
L'air est joyeux,
Les mots sont tendres,
Plus neufs, plus vieux
Que flamme et cendres...
Bûche, menons aux fiancés,
Braises, petites voix bénies,
Le chœur léger des bons génies...

Noël ! Noël !
Des clochetons,
Noël ! Noël !
Tous les bourdons
Sautent en chœur jusqu'à la lune !
Noël ! Noël !
Il neige doux,
Noël ! Noël !
Des anges flous,
Emmitouflés, dans la nuit brune...
Sonne, sonnez, sonne, allez donc,
Mes belles cloches, dig, ding, dong !...

. . . .

Mais quel est celui-ci qu'une main d'ombre accable,
Penché si lourdement sur l'ouvrage du feu ?
Son assiette froide est seule sur la table.
Est-ce un coupable ?... Un exilé ?... Voyons un peu,

Bûche, qu'en penses-tu ? Sa femme est-elle morte ?
Ou plus morte que morte avec l'amour au vent ?
L'a-t-on trahi ? — Son frère ou son ami, n'importe —
Ses enfants, où sont-ils ?... Et sa belle ? Au couvent ?

Il n'a ni compagnons, ni maîtresse, ni femme ;
Les enfants n'ont rien dérangé dans son souci ;
Il n'a parlé qu'aux seuls fantômes de son âme ;
C'est de courir après le vent qui l'a transi.

Ah ! mauvais écolier qui te disais un conte
Au lieu d'apprendre enfin ta réelle leçon,
Faiseur de faux calculs qui n'eus jamais ton compte
De gouttes pour ta soif, de mots pour ta chanson,

Noël ! Noël ! Entends-tu les cloches danseuses ?
L'homme n'est plus ce soir qu'un frêle nouveau-né
Qui s'éveille en sursaut et cherche ses berceuses,
Les nourrices d'amour qui l'ont abandonné.

Qui m'aimera ? Qui m'aimera dans la nuit douce ?
Ah ! qui donc ? — les mamans, c'est si vite passé ! —
Puisque dans l'avenir désert où Dieu nous pousse
Le cœur qui m'abritait, nul ne l'a remplacé ?

Noël ! Dans le vieux lointain mon cœur s'élance !
Et lente, grise, vague, avec cent yeux d'azur,
La Ronde du Passé tourne dans le silence.
Ses revenants doux et fanés longent le mur.

C'est la maison, la salle et son foyer folâtre
Où le sabot naïf espérait dans un coin...
Et Jésus emplissant tous ses rêves dans l'âtre...
— Tous ses rêves !... Ô Dieu ! que ces heures sont
                                                    [loin !

La femme aux genoux chauds, endormeuse de
[plaintes,
Qui vous berçait d'un chant toujours plus vague un
[peu ;
La femme aux doigts calmants qui venait sus aux
[craintes
Avec sa lampe et vous tendait les pieds au feu ;

Celle qui dans ses mains serrait les mains peureuses
Et, défaisant d'à peine un souffle le réseau
Des cauchemars ourdis en mailles ténébreuses,
Secouait les démons accrochés au berceau...

Où donc es-tu, pauvre vieille, ma seule Dame ?
Retrouve-moi ! Vois-tu pas au déclin du feu
Que j'ai besoin de tes secrets de bonne femme ?
Je rirais tant pour un polichinelle bleu !

Vois-tu, depuis longtemps, j'ai bien eu du courage,
J'ai souffert sans mot dire : on se serait moqué.
J'ai fait mon œuvre auprès de ma douleur bien sage
Mais pour du bonheur vrai la force m'a manqué.

Chante-moi la chanson où la mère est partie,
Où le marâtre reste avec l'enfant plaintif.
Chante, et tout doucement tiens ma tête blottie
À l'endroit que j'avais sur ton cœur fugitif.

Emporte-moi dans la « chapelle blanche » à l'heure
Où tant bercé j'aurai des brumes en l'esprit.
Dis-moi tout bas « Mon cher petit » pour que j'en
[pleure.
« Mon cher petit... Mon cher petit... Mon cher petit... »
. . . .
Noël ! Les yeux du feu sont clos, la braise râle,
De la bûche qui meurt plus rien ne se défend.

Plus rien... tout tombe... Il reste un peu de cendre
                                          [pâle...
De l'ombre... un peu de cendre... un long sanglot
                                          [d'enfant.

.   .   .   .

          Noël ! Noël !
          Des clochetons,
          Noël ! Noël !
          Tous les bourdons
     Sautent en chœur jusqu'à la lune !
          Noël ! Noël !
          Il neige doux,
          Noël ! Noël !
          Des anges flous,
     Emmitouflés, dans la nuit brune.
     Sonne, sonnez, sonne, allez donc,
     Mes belles cloches, dig, ding, dong !

          Hui !... Les maisons
          S'ouvrent ensemble.
          Sur les tisons,
          Un follet tremble
     Et meurt après un petit bond.
          Chacun vous prend
          Sa pèlerine.
          Les mères-grand
          En capeline
     Tournent la clef et puis s'en vont.
     Le long des seuils muets et ternes,
     Il trotte menu des lanternes.

          Noël ! Soudain
          Luit un cortège
          Vers le lointain
          Château de neige

Aux tours sonnantes de cristal
     Qui dans la nuit
     Vibre et flamboie.
     Déjà bruit
     De vaste joie
La porte du palais natal
Où le roi dort... « Dodo la Rose. »
Avec une si douce pose.

     Là cent beaux airs
     Pleins de louanges
     Coulent tout clairs
     Du sein des anges ;
Trompes d'argent, violes d'or
     Chantent d'amour
     Dans la nuit noire,
     Chantent autour
     Du fils de gloire,
Jésus notre Sire qui dort ;
Cent lustres, là, que l'encens voile,
Bercent leurs corbeilles d'étoiles.

     Éblouissant,
     Le chœur des cierges
     Monte et descend,
     Telles des vierges,
Les degrés du trône... Noël !
     Noël ! Joyeux
     Dans la lumière
     Le peuple aux cieux
     Suit sa prière
Et rit à son Emmanuel.
Les prêtres dorés, à voix basse,
Haut les mains, appellent sa grâce.

Simples de cœur
Qui, l'Ange en tête,
De l'âtre au chœur
Menez la fête,
Bénis de Dieu qui l'avez vu.
Bel et mignon
Petit qu'on choie,
— Quel compagnon !
De quelle joie ! —
Priez pour le cœur dépourvu
Qui dans la nuit émerveillée
Poursuit son amère veillée.

1906.

LES COMPAGNONS

J'ai regardé pousser le Printemps de ma porte...
J'avais le soleil tendre à mes pieds, sur mes mains,
Et dans les yeux au loin l'espace et les chemins
Montant au ciel avec tous les champs pour escorte.

Et dans le cœur j'avais la brise et les oiseaux.
Tous m'ont dit : « Il est temps, ma petite âme, écoute,
Écoute dans le vent, dans le sol de la route,
Les pas du fiancé qui vient des bois nouveaux.

« Et si ses pas légers chantent comme les rondes
En courant après toi, suis-le, c'est ton époux !
Ferme les yeux, va-t'en ! Il est plus fort que nous
Et tu découvriras en lui bien d'autres mondes.

« Mais si tu n'entends rien que le souffle du jour,
Nous sommes là, le ciel, les champs, l'herbe qui lève
Et nous te retiendrons prise dans notre rêve...
Tu ne dois pas nous fuir pour d'autres que l'amour. »

J'ai longtemps écouté les voix que le vent porte ;
L'époux venait à moi sans hâte, sans chansons
Et ses pas lents comptaient les gerbes des moissons...
Quand il est arrivé j'avais fermé ma porte.

Et quand je l'ai rouverte il était tard... En chœur
Les corneilles criaient dans le ciel monotone.
Alors j'ai regardé longtemps venir l'automne...
Qui m'aidera maintenant à porter mon cœur ?

Où rejoindre en courant les autres amoureuses
Qui toutes m'ont laissée au milieu du chemin
Si long, si long encore, où je me lasse en vain ?
Au loin fument, au loin, les demeures heureuses,

Au loin bruit la joie aux mille voix, le chœur
Des seuils clos, des murs pleins d'intérieure fête.
Des rires, des appels m'ont heurtée à la tête
Et les cris des enfants sont tombés sur mon cœur.

Ah ! mauvais compagnons aux caresses d'aïeule,
Printemps, Brise, Soleil, las ! que m'avez-vous dit ?
Vos perfides conseils m'ont égaré l'esprit
Et me voilà perdue, et vous me laissez seule !

Alors le Vent m'a dit : « Je suis là ! Je suis là !
Et c'est pour toi mon chant, pour toi, ma petite âme,
Ce chant passionné si doux que nulle femme
N'eut le cœur mieux bercé quand l'amour lui parla. »

« Je suis là ! je suis là ! m'a répété la Pluie,
Gai ! mes petits doigts gais frappent à ton carreau.
Je sais les contes longs des Brumes et de l'Eau...
J'en sais, j'en sais, j'en sais... Est-ce que je t'ennuie ? »

Et le Brouillard m'a dit : « D'impalpables toisons
Je t'envelopperai blottie en mon grand rêve.
Dors, les plantes d'hiver ne sentent plus leur sève ;
Dors, je te cacherai les lampes des maisons. »

Mes pauvres compagnons, comprenez mieux ma
Dormir ? J'ai travaillé du matin jusqu'au soir.   [peine,
Ma quenouille est au bout de sa laine, il fait noir
Et ma maison devrait de mon œuvre être pleine.

Mais tout ce que j'ai fait je ne le trouve plus.
Les arbres ont donné leurs fruits et les oiselles
Sous leur aile ont couvé d'autres petites ailes,
L'herbe folle a semé l'herbe sur les talus.

La bête a dans son trou des petits à défendre.
Et moi seule je suis telle que le désert
Vide, brûlant, sans route, à tous les vents ouverts,
Qui n'a jamais produit que nuages, que cendre.

Alors le Ciel m'a dit : « Les nuages s'en vont
Sans savoir où, transis, vagabonds, solitaires,
Mais ils font en pleurant germer en bas les terres
Et colorent les fleurs que les rosiers auront. »

Et la Terre m'a dit : « Va ma petite fière,
Pour besogner encore il nous reste du temps.
Apporte-moi ton cœur... Je t'attends ! je t'attends !
Et nous travaillerons ensemble à ma poussière. »

PRIÈRE DU POÈTE

Mon Dieu qui donnes l'eau tous les jours à la source,
    Et la source coule, et la source fuit ;
Des espaces au vent pour qu'il prenne sa course,
    Et le vent galope à travers la nuit ;

Donne de quoi rêver à moi dont l'esprit erre
    Du songe de l'aube au songe du soir
Et qui sans fin écoute en moi parler la terre
    Avec le ciel rose, avec le ciel noir.

Donne de quoi chanter à moi pauvre poète
    Pour les gens pressés qui vont, viennent, vont
Et qui n'ont pas le temps d'entendre dans leur tête
    Les airs que la vie et la mort y font.

L'herbe qui croît, le son inquiet de la route,
    L'oiseau, le vent m'apprennent mon métier,
Mais en vain je les suis, en vain je les écoute,
    Je ne le sais pas encor tout entier.

J'ai vu quelqu'un passer, un fantôme, homme ou
    Mon cœur appelait sur la fin du jour...   [femme...
Les rossignols des bois sont entrés dans mon âme
    Et j'ai su chanter des chansons d'amour.

J'ai vu quelqu'un passer, s'approcher, disparaître ;
    Et les chiens plaintifs qui rôdent le soir
Ont hurlé dans mon cœur à la mort de leur maître.
    J'ai su depuis chanter le désespoir.

J'ai vu les morts passer et s'en aller en terre,
    Leur glas au cou, lamentable troupeau,
Et leurs yeux dans mes yeux ont fixé leur mystère.
    J'ai su depuis la chanson du tombeau...

. . . .

Mais si tu veux mon Dieu que pour d'autres je dise
La chanson du bonheur, la plus belle chanson,
Comment ferai-je moi qui ne l'ai pas apprise ?
Je n'en inventerai que la contrefaçon.

Donne-moi du bonheur, s'il faut que je le chante,
De quoi juste entrevoir ce que chacun en sait,
Juste de quoi rendre ma voix assez touchante,
Rien qu'un peu, presque rien, pour savoir ce que c'est.

Un peu — si peu — ce qui demeure d'or en poudre
Ou de fleur de farine au bout du petit doigt,
Rien, pas même de quoi remplir mon dé à coudre...
Pourtant de quoi remplir le monde par surcroît.

Car pour moi, qui n'en ai jamais eu l'habitude,
Un semblant de bonheur au bonheur est pareil,
Sa trace au loin éclairera ma solitude
Et je prendrai son ombre en moi pour le soleil.

Donne-m'en ! Ce n'est pas, mon Dieu, pour être
Que je demande ainsi de la joie à goûter,   [heureuse
C'est que, pour bercer l'homme en la cité nombreuse,
La nourrice qu'il faut doit savoir tout chanter.

Prête-m'en... Ne crains rien, à l'heure de le rendre,
Mes mains pour le garder ne le serreront pas,
Et je te laisserai, Seigneur, me le reprendre
Demain, ce soir, tout de suite, quand tu voudras...
. . . .
Ô Toi qui donnes l'eau tous les jours à la source,
   Et la source coule, et la source fuit ;
Des espaces au vent pour qu'il prenne sa course
   Et le vent galope à travers la nuit,

Donne de quoi chanter à moi pauvre poète,
   Ton petit oiseau plus fou que savant
Qui ne découvre rien de nouveau dans sa tête
   Si dans son cœur tu ne l'as mis avant.

Vous qui passez par là, si vous voulez que j'ose
   Vous rapporter du ciel la plus belle chanson,
Douce comme un duvet, rose comme la rose,
   Gaie au soleil comme un jour de moisson,

Si vous voulez que je la trouve toute faite,
   Vite, aimez-moi, vous tous, aimez-moi bien
Avant que mon cœur las d'attendre un peu de fête
   Ne soit un vieux cœur, un cœur bon à rien.

Aimez-moi, hâtez-vous... J'entends le temps qui
   Le temps passera... le temps est passé...   [passe...
Bientôt fétu qui sèche et que nul ne ramasse
   Mon cœur roulera par le vent poussé,

Sans voix, sans cœur, avec les feuilles dans l'espace.

BERCEUSE D'ACTIONS DE GRACES

Dors, mon pauvre cœur, ta journée est lasse.
C'est assez longtemps courir sur la trace
De l'amour qui fuit, du bonheur qui passe.

      Dors, mendiant, dors...

C'est assez longtemps mendier ton pain,
Raconter ta peine et tendre la main,
Dors, tu n'en auras jamais à ta faim.

      Dors, mendiant, dors...

Ne cherche plus rien, joins les mains et serre
Ta joie immense, ô ma longue misère,
D'avoir ce soir presque le nécessaire.

      Dors, mendiant, dors...

Dors, puisqu'un bon riche à la fin du jour
Jusqu'à toi venu par un long détour
T'a fait l'aumône, enfin ! d'un peu d'amour.

      Dors, mendiant, dors...

Dors, il t'a couvert d'un manteau de laine,
Tu n'as plus besoin de rien ô ma peine,
Raconte-toi tout bas ta bonne aubaine.

Dors, mendiant, dors...

C'est un vieil habit qui servit beaucoup.
On l'a tant mis qu'il n'en reste qu'un bout
Effiloché, déteint, troué partout.

Dors, mendiant, dors...

Il s'est usé, ce manteau de tendresse,
Sur tant et tant d'épaules en détresse
Qu'il t'est trop court, ô dernière pauvresse.

Dors, mendiant, dors...

Mais c'est assez, cette loque, c'est trop,
Cette bonté, c'est plus qu'il ne te faut
Pour t'endormir dessus, pour avoir chaud.

Dors, mendiant, dors...

Fais-toi bien petit, bien bas, de manière
À t'envelopper l'âme tout entière
Dans ce bout de joie et clos ta paupière.

Dors, mendiant, dors...

Sur ton bonheur, le cœur émerveillé,
Pose la tête et dors sans t'éveiller
Comme un enfant las sur son oreiller.

Dors, mendiant, dors...

Dors sur ton bonheur, dors et chante en rêve,
Dors, sans avoir peur que la nuit s'achève,
Dors, sans avoir peur que le jour se lève.

Dors, mendiant, dors...

Et si le temps passe encor, si le vent
Te prend tes haillons, si tout en rêvant
Tu demeures nu comme auparavant,

Dors, mendiant, dors...

Si la pitié que tu tiens ramassée
Sur ton cœur frileux demain est passée,
Dors dans la douceur qu'elle t'a laissée.

Dors, mendiant, dors...

Et béni soit pour cet habit fané
Celui qui vers toi s'étant retourné
S'il avait eu plus te l'aurait donné.

Dors, mendiant, dors...

Et béni soit Dieu ! Lui qui nous apprête
Le manteau d'amour tout entier, la fête
Qui nous couvrira des pieds à la tête.

Dors, mendiant, dors...

Béni soit Dieu ! Sous son manteau blottis
Avec tous les saints, les grands, les petits,
Nous aurons bien chaud dans le Paradis.

LES HEURES

Frère Jean, ayant chanté Matines,
se retira dans le jardin. C'était pen-
dant l'été...

(FIORETTI.)

À MATINES

Donnez-nous aujourd'hui...

Du plus noir de l'abîme où mes sens sont noyés
Je viens ayant jeté le sommeil à mes pieds.

Je balbutie encore et ma prière est lourde.
À peine ai-je au cerveau quelque lumière sourde

Et ma pensée y cherche une issue à tâtons
Parmi des mots épars, aveugles sans bâtons.

Ô Père, il en est temps, les étoiles sont mortes,
Des cieux fermés encore entrebâille les portes.

Laisse échapper le jour à travers comme un fil
Pour conduire au soleil mes yeux pleins de péril...
. . . .
Vêts-moi, Père ! Je n'ai ni chaussures, ni bourse.
Donne-moi ce qu'il faut pour reprendre ma course.

Baigne mon âme en l'innocence du matin,
Dans le bruit de la source et dans l'odeur du thym ;

Fais couler sur mes mains le ciel rose et l'arome
Tendre du jeune jour pour que mon œuvre embaume ;

Donne à ma voix le son transparent des ruisseaux ;
Donne à mon cœur l'essor ingénu des oiseaux ;

Verse le calme ailé des brises sur ma face,
En mes yeux la candeur immense de l'espace ;

À mes pieds nus parmi les herbes en émoi
Prête un pas large et pur pour m'en aller vers Toi.

Et par les prés flottants voilés de mousselines,
Par le recueillement limpide des collines,

Mène-moi dans le haut du lumineux versant,
Aux cimes d'où l'eau vive éternelle descend.

Conduis-moi lentement seul à travers les choses
Le long des heures tour à tour brunes et roses,

Seul avec Toi, du ciel aspirant tout l'espoir,
De la paix du matin jusqu'à la paix du soir.

À LAUDES

Chantez au Seigneur un cantique...
Ps. 149.   (Office de Laudes.)

Seigneur, soyez béni pour le soleil ! Soyez
Béni pour le matin qui rit dans les foins roses,
Pour les petits chemins sonores et mouillés,
Pour le bruit qui s'éveille autour des portes closes ;
Seigneur, soyez béni pour tout, par toutes choses.

L'aube a touché mes cils et je me suis levé ;
J'ai trempé mon cœur lourd dans la brume divine ;
J'ai bu dans la fontaine et je m'y suis lavé ;
J'ai parfumé mes doigts aux buissons d'aubépine...
Les longs troupeaux sonnants vont en file argentine.

Tinte clair ! Tinte gai ! Sonne le beau matin !
Je m'en vais dire une grand'messe en la campagne.
Un coquelicot neuf sera mon sacristain,
L'enfant de chœur mal défripé qui m'accompagne,
Et j'aurai pour calice un lis de la montagne.

Mes chers frères, offrez vos œuvres au Bon Dieu.
Toi l'abeille ton miel, toi le buisson tes baies,
Toi ruisselet tes eaux, toi chèvre ton lait bleu,

Toi brebis ta toison qui fait l'aumône aux haies,
Toi mauve ton sommeil pour endormir les plaies.

Et vous les fainéants, cigales, papillons,
Oisillons qui musez sans même chercher proie
Et moi-même, pécheurs qui nous éparpillons
En tirelis, nous, bons à rien, que nul n'emploie,
Offrons notre chanson légère et notre joie.

Puis, dès la messe dite, au bois je m'en irai
Chercher Dieu pour qu'il sème en ce cœur sans res-
Et si j'ai les yeux purs au bois je trouverai,   [sources
Gardant son Agneau blanc, attentive à mes courses,
Notre Dame Marie assise au bord des sources.

À PRIME

Fiat...

Père, porte mon âme en son insouciance
Jusqu'où tu veux et qu'elle dorme dans ta main
Sans demander le sens et le but du chemin.

Qu'elle soit, n'ayant plus ni dessein ni science,
Légère, détachée et joueuse au réveil
Comme les moucherons qui dansent au soleil.

Détourne d'elle une inquiète défiance
Qui mesure avant toi le fil de l'avenir
Et qui pèse l'espoir avec le souvenir ;

Et l'analyse accroupie en la conscience
Dont l'ongle sans repos fouille de son labour
L'ombre, l'ombre de l'ombre, et n'y fait pas de jour.

Je m'abandonne à Toi, divine Sapience,
Ma force sera prête à l'heure du besoin
Comme un manteau d'enfant dont la mère a pris
                                                                    [soin.

Je ferai ce que tu voudras de confiance,
J'espère tout, mon Dieu : Tu règnes sur le Bien.
Tu règnes sur le Mal et je n'ai peur de rien.

Ce que j'attends, je l'attends sans impatience,
Ô mon Père, ô ma Mère, ô mon unique foi !
Au destin qu'il me faut loin ou près porte-moi.

Tu vois le Temps et tout s'offre à ta prescience :
Mes fruits en moi comme le germe dans le grain.
Tu connais ma fatigue, et ma soif, et ma faim...

Et ton enfant n'a pas besoin d'expérience.

À TIERCE

Mon Dieu, enseigne-moi ta voie.
Ps. 118.   (Office de Tierce.)

Mon Maître, enseignez-moi dans notre solitude
Ce qu'il faut que je fasse, où je dois me plier...
Je ne sais rien. Daignez me mener à l'étude,
Donnez une leçon à ce pauvre écolier.

L'entendra-t-il hélas ! cet ignorant docile
Mais qui redoute, ayant si peu d'habileté,
De trouver au début votre loi difficile ?
Ah ! Maître prenez garde à ma débilité...

Me parlez-vous ?... D'où me vient cette chaleur douce
Qui pénètre mon âme et l'embaume, et l'endort ?
Cet éblouissement, ces pleurs, cette secousse ?...
C'est plus clair que la vie et plus sûr que la mort.

Combien, ô Vérité, m'es-tu nouvelle et fraîche,
Révélée à mes os sans livre, sans écrit,
Sans raison qui démontre et sans bouche qui prêche,
D'un seul baiser qui me dévore tout l'esprit !...
Je vois... Mon cœur jaillit ! qui pourra l'en empêche !

. . . .
. . . .

Rien n'est vrai que d'aimer... Mon âme, épuise-toi,
Coule du puits sans fond que Jésus te révèle,
Comme un flot que toujours sa source renouvelle,
Et déborde, poussée en tous sens hors de moi.

Quels usages prudents te serviront de digue ?
Donne tout ! Donne plus et sans savoir combien.
Ne crains pas de manquer d'amour, ne garde rien
Dans tes mains follement ouvertes de prodigue.

Qu'aimeras-tu ? Quel temps perdrons-nous à ce
                                        [choix ?
Aime tout ! Tout t'est bon. Sois aveugle, mais aime !
Le plus près, le plus loin, chacun plus que toi-même
Et, comment ce miracle, ô Dieu ? tous à la fois.

Celui qui t'est pareil, celui qui t'est contraire.
Et n'aime rien uniquement pour sa beauté :
L'enchantement des yeux leur est trop vite ôté,
Du charme d'aujourd'hui demain te vient distraire.

N'aime rien pour ses pleurs : les larmes n'ont qu'un
                                        [jour,
N'aime rien pour son chant : les hymnes n'ont qu'une
                                        [heure.
Ô mon âme qui veux que ton amour demeure !
Aime tout ce qui fuit pour l'amour de l'amour.

Aime tout ce qui fuit sur la terre où tu passes,
Le long de ton chemin aveugle et sans arrêts :
Les herbes des fossés, les bêtes des forêts,
Les matins et les soirs, les pays, les espaces.

Aime, l'enthousiasme est fort comme la mer
Qui d'un seul mouvement emporte les navires.
Laisse aller tes destins au fil de ses délires
Sans goûter si le flot qui te pousse est amer.

Rien n'est vrai que d'aimer, mon âme, et d'être dupe.
Si tu cherches un cœur où reposer ton front
Et si tu te sens lasse au bout de quelque affront,
Qu'est-ce que cet amour que son gain préoccupe ?

Ô prêteuse sans fin de biens jamais rendus,
Laisse abuser chacun de ta folle abondance
Tant que, jetés au vent de l'amour, sans prudence,
Ta paix, tes jours, ta force et ton cœur soient perdus.

Tu pleures ?... Tu rêvais un plus juste partage ?
Quels cris en toi sous le sourire du pardon !
Tu souffres ?... Tu n'as fait que la moitié du don :
Le remède d'aimer est d'aimer davantage.

Donne-toi tellement que tu n'existes plus
Et que dans ton secret, ton silence, ton ombre,
Rien ne bruisse plus qu'autrui ce cœur sans nombre,
Son mal, sa fièvre, au lieu de ton cœur superflu.

Tu ne vis plus... C'est lui qui t'enivre et te mène
Hors de ton bonheur pâle au sien qu'il veut saisir.
Tu n'as plus de désir que sans fin son désir...
Va !... Tu n'as plus de peine au monde que sa peine !

Qui pourra maintenant retrouver ta douleur ?
Rien n'en reste, rien, rien qu'un chant d'oiseau
                                        [sublime.
Ah ! quelle délivrance est au fond de l'abîme !
Voici ma joie avec son glaive de vainqueur.

Rien n'est vrai que d'aimer, ô mon âme, mon âme,
Qui te reposerait du poids de ton soleil ?
Ni l'ombre de la nuit, ni l'ombre du sommeil,
Ni le temps qui s'enfuit léger comme une femme.

Rien n'est vrai que d'aimer et que d'aimer toujours !
Tes aimés passeront mais ton amour demeure
Malgré les renouveaux qui te changent de leurre
Et les petites morts des petites amours.

Et tant qu'il y aura des vivants, d'heure en heure
Menant leur sort à la rencontre de ton sort
Ou t'ayant devancée au delà de la mort...
Toi-même disparais mais ton amour demeure !

Mon amour ! Mon amour ! quand ce cœur arrêté
Ne te contiendra plus... à ta source première,
À Jésus remontant d'un grand jet de lumière,
Mon amour sois mon Dieu toute l'éternité !

À SEXTE

Je suis à toi. Sauve-moi.
Ps. 118-94.   (Office de Sexte.)

Hélas ! hélas ! je suis dans le trouble verger
Où les fleurs et les fruits m'entourent de danger.
Les oiseaux sont muets, les arbres n'ont pas d'ombre,
Des crapauds haletants se collent au puits sombre.

Je tourne dans le cercle enflammé des iris.
Hélas ! dans le soleil ma chair brûle et les lis
De leur bouquet pesant d'essences déréglées
Me provoquent sans fin tout le long des allées.

Sans fin à chaque bord des sentiers continus
Des œillets jaillissants agacent mes pieds nus
Et les roses d'hier trop vite épanouies
Se renversent pâmant sur mes mains éblouies.

Et ce jardin d'embûche où je vais sans secours
Est plein de vigne folle et de cerisiers lourds,
De seringas ardents d'où s'échappent des fièvres
Et de framboises aussi douces que des lèvres.

Et je voudrais manger à la branche qui pend,
À pleine bouche ainsi qu'un animal gourmand,
Les cerises, sang mûr, d'une avide sucée,
Ivre et de vermillon la face éclaboussée ;

Je voudrais arracher aux rosiers palpitants,
Comme on plume un oiseau sans y mettre le temps,
À pleine main leurs pétales et, la main pleine,
Les écraser sur ma poitrine hors d'haleine ;

Je voudrais me rouler sur la terre au sein chaud,
Les yeux brouillés d'azur éclatant, vaste, haut ;
Je voudrais... qui m'allume ainsi qu'une fournaise ?...
Des femmes au cou nu s'en vont cueillir la fraise...

Alarme ! éveille-toi, pauvre moine engourdi !
C'est le vieux guet-apens du démon de Midi.
Fuis sans rouvrir les yeux, fuis, piétine la vie
Qui voudrait être et ne doit pas être assouvie.

Fuis ! Mais où fuir ? Où donc ? Où ? J'ai les pieds trop
                                                    [las.
Où donc ?... La mauvaise herbe est haute sous mes
Derrière et devant moi partout la Bête rôde   [pas,
Sous les fleurs, sur le ciel, dans la broussaille chaude,

Et je sens, comme un fruit où chemine le ver,
Un serpent doux et chaud qui me suce la chair
Et chaque battement de mon cœur me torture...
Par où t'échapperai-je, ô maudite Nature ?

Quelle verge d'épine ou quels charbons ardents
Me guérira du mal dont je grince les dents ?
Quel fouet aux nœuds de plomb, quelle source glacée
Me guérira du mal que j'ai dans la pensée ?

Faut-il me laisser choir à mon dam entraîné,
Comme un oiseau par un reptile fasciné
Ou me débattre encor bien qu'à bout de courage ?...
Mais Seigneur, c'est à Vous de faire votre ouvrage.

Je suis votre brebis, Vous êtes mon berger.
Comme un agneau perdu me lairez-vous manger ?
À l'aide ! Poursuivez ce loup qui me menace,
Courez et jetez-lui des pierres à la face ;

Car si vous me laissiez périr à l'abandon,
Ce Vous serait, Seigneur, un bien piteux renom
De mauvais pâtre et pour le soin de votre gloire
À personne, ô mon Dieu, ne le donnez à croire.

À NONE

Lequel donc l'aimera davantage ?...
(Luc, 7-42.)

Le chemin plat et gris où pousse une herbe rase
Traîne indéfiniment deux ornières de vase...
C'est un chemin d'automne avec de hauts chardons.
Et le Pâtre y conduit son troupeau de moutons
Nombreux, sales, serrés, avec le nez en terre.
Ce leur est un chemin d'autant plus salutaire
Qu'il va tout droit en plaine à l'opposé des bois
Où l'on dit qu'en hiver le loup rôde parfois.
Ici, des chaumes secs, et là, des palissades,
Par un vent aigre et sous un ciel des plus maussades.
C'est un très bon chemin correct et sans danger.
Quand on y est, on y trouve de quoi manger
Et les moutons — l'air de moudre une patenôtre —
S'en vont par là broutant dans les pas l'un de l'autre.

. . . .

Moi, la chèvre, je suis le surplus du troupeau
Et je m'ennuie avec ces gens de tout repos
Qui font tout bonnement tous une même chose.
Je m'ennuie à mourir sur ce chemin morose.
Je n'aime pas — j'en ai le cerveau courbatu —
Marcher en foule ainsi sur un terrain battu ;

Je n'aime pas brouter l'herbe déjà tondue,
Ce petit foin sans goût, sans fleur inattendue...
Rien de nouveau, rien, rien... Tout est toujours pareil.
Pas même, pour changer, de l'ombre et du soleil,
Pas un obstacle au loin sur la campagne glabre,
Qu'on devine et qui fait que d'avance on se cabre...
. . . .
Aussi, dès que le Pâtre en son grand manteau bleu
Rempli de vent cherche l'espace et rêve un peu,
Je m'échappe, je cours à travers la campagne,
Je bondis pour trouver quelque peu de montagne,
Je grimpe à des talus très hauts de chemins creux.
On est très bien tout seul, sans moutons, si loin d'eux
Qu'ils semblent tout au fond du val des pierres grises.
Les thyms inviolés ont des saveurs exquises...
Là je m'empêtre en la broussaille qui sent bon,
Avec la viorne, avec la ronce, vrai crampon.
Un brin d'eau luit au creux de quelque pierre fraîche
Et voilà que j'ai soif tout d'un coup... je la lèche,
Je cours, je broute ici, puis là... je perds du temps,
Je hume l'odeur froide et sauvage des vents ;
Je ne fais point de mal, mais je fais à ma tête.
C'est juste assez pour se sentir le cœur en fête
Et j'ai tout oublié, les brebis et les loups
Et le Pâtre qui rêve avec des yeux si doux.

Mais lui, le pauvre gas, ne m'a pas oubliée.
Il me croit lasse et par derrière humiliée.
Pour me rendre courage il fait des sifflets doux,
Il m'interpelle avec de petits noms à nous...
Je l'entends, mais voilà qu'il me reste une touffe
De thym, encore une autre... Et puis en bas j'étouffe
Et je ne descendrai qu'avec l'ombre du soir
Quand les autres en file iront à l'abreuvoir,
Plus tard... un peu plus tard... pas encor tout à
                                        [l'heure...

Lui m'appelle, m'appelle avec sa voix qui pleure
Et vraiment je voudrais n'avoir pas entendu,
J'en ai le cœur en amertume tout fondu...
Puis tout à coup las d'appeler, las de m'attendre,
Il a tout laissé là ! — Que le loup vienne prendre,
S'il veut, tous ces moutons dociles, les voilà ! —
Il monte à travers champs — il a tout laissé là ! —
Par les mauvais sentiers, les ronces, les broussailles,
Il se fait mal, il a les pieds nus... Des pierrailles
Le blessent jusqu'au sang mais il monte toujours,
Il approche, il me voit. Pour tant de méchants tours,
J'endurerai ce qu'il voudra de justes gaules.
Mais il me prend, il m'emporte sur ses épaules
Puis le voilà qui me dorlote avec des mots
Dont un seul suffirait à guérir tous les maux.
Et je suis triste et si honteuse de ses peines
Que je n'ose plus voir — oh ! mes lourdes fre-
Sa face pâle et ses mélancoliques yeux,   [daines ! —
Et plus ouïr ce ton miséricordieux.
Mais tandis qu'il me porte, en secret je me serre
Sur son cou las un peu plus qu'il n'est nécessaire
Pour mêler une larme à sa pauvre sueur...

De nouveau le chemin plus morne où sans lueur
Comme un brusque rideau tombe le soir d'automne.
Toujours broutant, serrés, leur herbe monotone,
Les moutons du troupeau n'ont pas du tout bougé.
— Quand sauront-ils vraiment s'ils ont assez

[mangé ? —
Moi, je les suis, n'ayant plus faim, baissant la tête
Et le pis est — avouons-le pour être honnête —
Qu'un jour, c'est sûr, hélas ! ce peut être demain,
Je laisserai comme aujourd'hui ce droit chemin
Qui jusqu'en mon remords se traîne et m'exaspère
Et mon trop faible cœur déjà s'en désespère.

Mais ô divin Pasteur si demain je m'en vais
Poussée à tous hasards d'un caprice mauvais
Seule ingrate au milieu de ces bêtes fidèles,
Ô Maître, malgré tout, ô Maître, aucune d'elles
— Et Vous qui savez tout certes le savez bien,
Vous que je navre et qui ne m'en voulez de rien —
De ces brebis suivant la route au clair de lune,
Pas une autant que moi, l'indocile, pas une
Ne sait ô cher Berger combien vous êtes bon.

Et simplement je me fie à votre pardon,
Moi rebelle, têtue et bien toujours la même,
Incorrigible, hélas ! hélas ! mais qui vous aime !

À VÊPRES

Seigneur, il nous est bon d'être ici.
(Math. 17-4.)

Le jour s'apaise. Allons cheminer, ô mon âme,
Exilés dans l'oubli de ce monde, tout seuls,
Sur la terrasse haute où quelque vieille femme
Cueille des fleurs aux branches calmes des tilleuls.

Vois, l'éclat du soleil se tait, le ciel s'efface
Et la plaine à mes pieds semble un étang qui dort.
Pourquoi n'ayant rien fait, mon âme, es-tu si lasse,
Toi qui ne dormiras pas même dans la mort ?

Quelle plaie avais-tu d'où la fièvre s'élance ?
L'arome du feuillage et des calices clos
De son sommeil épars embaume le silence...
Est-ce le rossignol qui trouble ton repos ?

Dans cet enchantement câlin où s'évapore
La résolution des précises vertus,
Qu'avons-nous égaré, que cherchons-nous encore ?
Quel perfide regret nous a tant abattus ?

Une attente sans but en moi se désespère,
J'ai le mal d'un pays d'où le vent doit souffler.
Où donc est mon pays, la maison de mon père
Et le chemin secret où je veux m'en aller ?

Quelle haleine a flotté qui m'entraîne avec elle
Dans un espoir immense où me voilà perdu ?
Quel amour tout à coup m'environne, m'appelle ?...
Rien ne bouge... ô mon cœur, qu'ai-je donc entendu ?

La paix des alentours est auguste et profonde.
Vois, du bois pâle et bleu de douceur arrosé,
La caresse de Dieu qui s'étend sur le monde ;
Toi-même as clos tes yeux sous l'aile d'un baiser.

Un invisible pas entr'ouvre l'herbe sombre
Et le souffle des champs qui tremblent le soutient...
C'est mon Seigneur, les bras tout grands ouverts dans
                                        l'ombre !
Il vient et je défaille à son passage... Il vient...

Seigneur, éloignez-vous, de peur que je ne meure.
Éloignez-vous !... Où fuir ?... Ah ! faites ! Prenez-moi !
Tenez-moi contre vous et laissez que je pleure
Est-ce de joie, est-ce de peine, est-ce d'effroi ?

Il m'a pris dans ses mains et j'ai posé la tête
Sur le cœur du Berger ainsi qu'un agneau las.
Et j'y suis bien, sa folle et plaintive conquête,
J'y suis bien et, s'il veut, je ne bougerai pas.

Demeurons. Il fait bon, Seigneur, sur la montagne.
— Sommes-nous au sommet exalté du Thabor ? —
Demeurons, la nuit monte et lentement nous gagne,
Le soir fuyant s'égare... Ah ! demeurons encor...

Les corolles des champs ont renversé leur vase,
Un baume répandu coule des liserons
Et le ciel infini se noie en notre extase...
Il fait bon, il fait doux, ô Maître, demeurons.

À COMPLIES

In manus tuas, Domine.
(Office de Complies.)

Ton ange a pris le bien et le mal que j'ai faits,
Ô Père, tes moissons exactes sont rentrées.
Les routes de salut se sont enchevêtrées...
Ferme le jour stérile ou plein, bon ou mauvais.

Mon âme en vain cherche le fil de sa mémoire
Et se heurte dans l'ombre à des pensers confus,
Démesurés, béants et comme un bois touffus,
Ou si petits que je les perds en la nuit noire.

C'est l'heure où lentement des orbites sans yeux
S'ouvrent comme des puits fixes dans les ténèbres,
Où le ver des tombeaux ondoie en nos vertèbres.
Délivre-nous du mal, notre Père des cieux.

Aux quatre murs les navettes des araignées
Tissent à petits coups l'ombre en mille filets.
Une à une j'entends derrière les volets,
Une à une mourir les lampes éloignées.

Que reste-t-il du soir ? À quand le jour nouveau ?
Sans le savoir vais-je aux ténèbres éternelles ?

Je ne vois rien, plus rien qu'au bord de mes prunelles
Le reflet tournoyant de mon propre cerveau.

J'entre dans le sommeil, aveugle et sans défense.
Ô mon Père, voici la clef de ma maison.
Garde tout ce que j'ai, ma vie et ma raison,
Et ta Grâce : le Ciel dont tu me fais l'avance.

Bonsoir Père ! J'ai mis mes deux mains dans ta main.
Le sommeil — ou la mort — traverse la nuit brève.
Souffle un peu sur la bulle errante de mon rêve
Pour qu'elle apporte en moi mes roses de demain.

Bonsoir Père ! Tes doigts ont scellé mes paupières,
Le sommeil — ou la mort — s'en vient à pas légers
Et vers minuit m'appelleront douze dangers.
Mais je m'endors sans crainte en chantant mes prières.

Car je te sais, ô Père, assis à mon chevet
Et si quelque vertige affole et perd mon âme,
Tu la retourneras vers Toi, comme une femme
Retourne dans le lit son petit qui rêvait.

Je ne suis pas un saint, mon Dieu, pour que tu veuilles
Me bercer dans tes bras et chasser mes frissons.
Je ne suis qu'un enfant, je n'ai que mes chansons
Et je ne vaux pas mieux qu'un oiseau sous les feuilles.

Et je ne sais pourquoi tu m'aimes... Les chemins
Me mènent tous à Toi, sans lutte, sans secousse ;
Le sommeil — ou la mort — glisse dans la nuit
                                        [douce...
Bonsoir Père, reçois mon âme entre tes mains.

1908.

VISION

A Mademoiselle B. Dupuy ;
en hommage à la mémoire du poète Ernest Dupuy.

M.N., 1920.

I

Quand j'approcherai de la fin du Temps,
Quand plus vite qu'août ne boit les étangs,
J'userai le fond de mes courts instants ;

Quand les écoutant se tarir, en vain
J'en voudrai garder pour le lendemain,
Sans que Dieu le sache, un seul dans ma main ;

Quand la terre ira se rétrécissant
Et que mon chemin déjà finissant
Courra sous mes pieds au dernier versant ;

Quand sans reculer pour gagner un pas,
Quand sans m'arrêter, ni quand je suis las,
Ni dans mon sommeil, ni pour mes repas ;

Quand, le cœur saisi d'épouvantement,
J'étendrai les mains vers un être aimant
Pour me retenir à son vêtement...

. . . .
Quand de jour en jour je perdrai la faim,
Je perdrai la force et que de ma main
Lasse de tenir tombera le pain ;

Quand tout sur ma langue aura mauvais goût,
Quand tout dans mes yeux pâlira, quand tout
Me fera branler si je suis debout ;

Quand mes doigts de tout se détacheront
Et que mes pensers hagards sous mon front
Se perdront sans cesse et se chercheront ;

Quand sur les chemins, quand sur le plancher,
Mes pieds n'auront plus de joie à marcher ;
Quand je n'irai plus en ville, au marché,

Ni dans mon pays toujours plus lointain,
Ni jusqu'à l'église au petit matin,
Ni dans mon quartier, ni dans mon jardin ;

Quand je n'irai plus même en ma maison,
Quand je n'aurai plus pour seul horizon
Qu'au fond de mon lit toujours la cloison...

. . . .

Quand les voisines sur le pas
De la porte parleront bas,
Parleront et n'entreront pas ;

Quand parents, amis, tour à tour,
Laissant leur logis chaque jour,
Dans le mien seront de retour ;

Quand dès l'aube ils viendront me voir
Et sans rien faire que s'asseoir
Dans ma chambre attendront le soir ;

Quand dans l'armoire où j'ai rangé
Mon linge blanc, un étranger
Cherchera de quoi me changer ;

Quand pour le lait qu'il faut payer,
Quelqu'un prendra sans m'éveiller
Ma bourse sous mon oreiller ;

Quand pour boire de loin en loin,
J'attendrai, n'en ayant plus soin,
Que quelqu'un songe à mon besoin...
. . . .
Quand le soleil et l'horizon
S'enfuiront... quand de la maison
Sortiront l'heure et la saison ;

Quand la fenêtre sur la cour
S'éteindra... quand après le jour
S'éteindra la lampe à son tour ;

Quand, sans pouvoir la rallumer,
Tous ceux que j'avais pour m'aimer
Laisseront la nuit m'enfermer ;

Quand leurs voix, murmure indistinct,
M'abandonnant à mon destin,
S'évanouiront dans le lointain ;

Quand cherchant en vain mon salut
Dans un son, je n'entendrai plus
Qu'au loin un silence confus ;

Quand le froid entre mes draps chauds
Se glissera jusqu'à mes os
Et saisira mes pieds déchaux ;

Quand mon souffle contre un poids sourd
Se débattra... restera court
Sans pouvoir soulever l'air lourd ;

Quand la mort comme un assassin
Qui précipite son dessein
S'agenouillera sur mon sein ;

Quand ses doigts presseront mon cou,
Quand de mon corps mon esprit fou
Jaillira sans savoir jusqu'où...

Alors, pour traverser la nuit, comme une femme
Emporte son enfant endormie, ô mon Dieu,
Tu me prendras, tu m'emporteras au milieu
Du ciel splendide en ta demeure où peu à peu
Le matin éternel réveillera mon âme.

II

Ô mon âme, est-ce toi que j'ai si longtemps eue
Cachée entre mes os, captive dans mon corps
Sans pouvoir te l'ouvrir, sans t'avoir jamais vue
A travers ma poitrine et que voilà dehors ?

Toi qui restas, fruit lent d'une graine profonde,
Tout le temps de ma vie à mûrir dans mon flanc
Et que d'un rude effort la Mort a mise au monde,
Te voilà donc, mon âme, ô nouveau-né tremblant !

Te voilà donc, mon âme ! Ô pauvre créature,
Comment ai-je bien pu te croire si longtemps
Presque sage, presque fervente, presque pure ?
Comment me suis-je fait ces contes imprudents ?

Et maintenant, il faut, mon misérable ouvrage,
Toi que j'ai fait de nuit, qu'on t'examine au jour.
Qu'est-ce que Dieu va dire ? Auras-tu le courage
De laisser jusqu'à Lui s'élancer ton amour ?

Toute confuse encor de m'être découverte,
Entre ! Pour le toucher tu n'as qu'à faire un pas.
Par la porte du ciel devant toi grande ouverte,
Entre, cours à ton Père, entre... — Je n'ose pas !

Comment m'avancerai-je à travers cette fête,
Parmi les saints autour du ciel assis en rond,
À pas lents et portant mon péché sur la tête
Pendant que tous ensemble ils me regarderont ?

Comment affronterai-je une telle assemblée,
Moi qui sur terre, hélas ! pauvrette que je suis,
Me suis cachée aux gens, par un souffle troublée,
Comme le rossignol qui chante au fond des nuits ?

Je n'ose pas... Ô Dieu, qu'il était plus facile
De te trouver sur terre et d'approcher de Toi
En entrant à l'église, en ouvrant l'Évangile,
Et même, sans changer de place, au fond de moi...

Qu'il était plus facile ailleurs qu'en ton royaume
De se blottir entre tes bras comme un enfant
Dont le cœur bat d'effroi pour le moindre fantôme
Et s'enfuit dans le cœur qui de tout le défend.

Si je n'avais trouvé personne à l'arrivée
Que Toi seul, ô mon Père, au seuil de ta maison,
Je t'aurais appelé, Toi tu m'aurais sauvée.
Ne t'ai-je pas connu sur terre en oraison ?

Mais maintenant, comment atteindrai-je ton ombre,
Ô mon Seigneur, quand tant de saints grands et
                                        [petits,
Ces papes, ces docteurs, ces évêques sans nombre
Remplissent devant Toi l'effrayant Paradis ?

Quand tant de pèlerins, de moines et de nonnes,
Tant d'ermites, de confesseurs, de pénitents,
Serrés autour de Toi, portent haut leurs couronnes
Et traînent dans le ciel leurs manteaux éclatants ?

Eux qui pour leur salut résolus à tout vendre
S'empêchaient de manger, de boire, de dormir,
De rire, de chanter, de regarder, d'entendre,
Ces saints, les voilà tous et je me sens frémir.

Quand je les rencontrais l'un ou l'autre sur terre,
J'en avais peur, je cachais vite mes pensers,
Mes rêves, mes amours à leur regard austère
Et le monde était grand quand ils étaient passés !

Et maintenant les voilà tous ! Et moi, la folle,
Je tremble sur le seuil comme un mauvais enfant
Qui va tomber aux mains de ses maîtres d'école,
Seul, et qu'aucune mère auprès d'eux ne défend.

Ah ! peut-être en est-il moins élevés en gloire,
De tout juste sauvés, de simples braves gens,
Qui de quelque misère ont gardé la mémoire
Et seraient pour la mienne un peu moins exigeants ;

Mais ils n'osent rien dire, hélas ! et le ciel crie
Autour de moi comme les gardes d'un palais
Après un va-nu-pieds, comme en la bergerie
Les bergers, sus au loup !... Entends-les ! Entends-les !

III

Quelle est cette pauvresse ? Où va cette inconnue ?
    Est-ce ici ? De quel droit ?
Par quel chemin est-elle à la porte venue ?
    Par le large ou l'étroit ?

Elle a pris au hasard sans demander sa route
    Le premier qui passait.
Le vent l'a dirigée. Où va le vent ? Sans doute
    Quelque diable le sait.

Elle a suivi le vent à travers la nature
    En chantant sa chanson.
Au vent elle a semé sa graine à l'aventure.
    Quelle fut sa moisson ?

Au lieu de ramasser péniblement sa gerbe,
    Pas à pas, grain par grain,
Elle a laissé sans soin pousser sa mauvaise herbe
    Et son cœur en est plein.

Elle a passé ses beaux matins à ne rien faire,
    Et ses soirs à rêver,
Comme si nous n'avions Seigneur pas d'autre affaire
    Et pas d'âme à sauver.

Elle a mangé son saoul, dormi tout à son aise,
    Usé son superflu ;
Sans règle qui l'arrête et sans joug qui lui pèse,
    Elle a ri, chanté, lu.

Elle s'en est allée aimant tout au passage :
    Aujourd'hui le beau temps,
Demain la pluie, un jour la chambre étroite et sage,
    Un jour les quatre vents ;

Un jour les gens de bien, les maîtres véridiques,
　　　Les héros et les saints ;
Un jour les têtes à l'envers, les hérétiques,
　　　Les fous, les assassins ;

Aujourd'hui le silence, aujourd'hui la parole ;
　　　Aujourd'hui la raison ;
La chimère, aujourd'hui, comme une souris folle
　　　Qui trotte en la maison ;

Aujourd'hui le danger caressant d'être aimée
　　　Qui sait par quel passant ;
Aujourd'hui le danger de rester enfermée
　　　Qui sait en quel absent...

Et quelquefois aussi Toi Seigneur... Dans cette âme
　　　Gaspilleuse d'amour,
Tu passas comme un autre, un caprice de femme
　　　Te l'ouvrit à ton tour.

Et ta bonté, mon Dieu, par cette porte basse,
　　　Comme un pauvre homme entra
Pour s'emparer de sa brebis folle d'espace
　　　Que l'espace égara.

Comme elle se laissait lier sans se défendre
　　　Par la moindre amitié,
Tu te fis son ami Toi-même pour la prendre,
　　　Ô divine Pitié !

Tu savais qu'à son cœur tantôt fier, indocile,
　　　Et tantôt abattu,
Tu savais trop combien il était difficile
　　　D'atteindre la vertu.

Et tu la pris sur ton épaule, comme un homme
      Soulève son petit
Pour qu'au pommier trop haut il attrape la pomme
      Que Septembre y pendit...

Tu l'as portée en vain. Au rameau qui s'abaisse
      Qu'a-t-elle su saisir ?
Des feuilles, pas un fruit, nulle œuvre, sa mollesse
      S'en tenant au désir.

Ah ! Dis-le maintenant, dis-le ! Serait-il juste,
      Qu'ayant perdu son temps
Et ta grâce, cette âme ait le salaire auguste
      Des serviteurs prudents ?

Nous avons de vertus rempli chaque seconde
      Pour t'apporter enfin
Un peu de pénitence en revenant du monde,
      Père, sera-ce vain ?

Si tous les vagabonds que la mort nous ramène
      Entrent tout droit ici,
Vraiment, Seigneur, vraiment ce n'était pas la peine
      De nous lasser ainsi.

Le ciel est aux vaillants qui livrent la bataille,
      C'est Toi qui nous l'as dit.
Nous t'avons cru, Seigneur... Alors qu'elle s'en aille
      De notre Paradis.

IV

Mon Dieu, mon Dieu, c'est vrai ! D'eux je ne suis pas
            Je le sais.   [digne,
Ce qu'ils disent, c'est vrai ! Crois-les... Je me résigne,
            Je m'en vais.

Où ?... Chez ton ennemi ?... Mais il faut pour lui plaire
            Te haïr !
Il sait bien que je t'aime, il criera de colère
            Sans m'ouvrir.

Où ? De nouveau sur terre avant que l'on ne sonne
            Mon convoi ?
Mais pour m'y recueillir qui m'attendra ? Personne...
            Où ?... chez moi ?...

Las ! de chez moi chassée à jamais par les cloches,
            Si je vis,
J'aurai besoin de pain et de linge, et mes proches
            M'ont tout pris.

J'aurai besoin d'amour... Les miens, de mon cadavre
            Ont grand soin,
Mais de mon cœur déjà les leurs que le deuil navre
            Sont si loin !

Mes amis... Ô mon Dieu, lesquels m'auront aimée ?
            Qui, dis-moi,
Aura su me nourrir quand j'étais affamée ?
            Qui, sauf Toi ?

Lequel donc entendit sauf Toi bouger ma peine
            Dans mon cœur ?

Lequel me rassura quand la vie incertaine
        M'a fait peur ?
Qui, sauf Toi fut ma paix, mon asile, ma joie ?
        Tout mon bien !
Sans Toi, si de ton cœur mon péché me renvoie,
        Qu'ai-je ?... Rien !

Et c'est juste pourtant... Je m'en vais... Où ?... N'im-
        Loin de Toi !...   [porte !
Ah ! ne me laisse pas m'en aller ! À la porte,
        Retiens-moi.

Es-tu pareil à tous les autres ? On m'enterre
        Sans souci.
Vas-tu m'abandonner à ma mort solitaire,
        Toi aussi ?

Souviens-toi... Nous avons tous deux fait route
        Si souvent,   [ensemble
Toi, portant ta croix lourde et moi, d'un pas qui
        Te suivant.   [tremble,

Dans le creux de ta main j'allais boire l'eau vive
        Le matin ;
Le soir tu m'appelais dans la paix attentive
        Du jardin ;

Et sous les noisetiers seuls assis côte à côte
        Un moment,
Nous causions comme entre eux une femme et son
        Doucement.   [hôte,

Et j'étais si joyeuse à tes pieds, moi, pauvre être,
        D'accourir
Que pour te voir sans fin j'avais hâte, ô mon Maître,
        De mourir...

Et je n'étais rien, rien, non, mon Dieu, rien qui vaille
            Ou je mens !
Tu savais bien que je tournais comme une paille
            À tous vents ;

Tu savais qu'en mon cœur l'amour changeait de place,
            Et pourtant
Tu m'aimais bien... De moi, ta vue est-elle lasse
            Maintenant ?

Ah ! si comme le mien ton cœur suit qui l'entraîne
            En tout lieu,
S'il vient, donne, reprend, s'enfuit, est-ce la peine
            D'être Dieu ?

Ne m'abandonne pas comme un autre à cette heure,
            Dans l'effroi.
Je n'ai pas de chemin, je n'ai pas de demeure
            Hors de Toi...

Et tes saints ont raison pourtant. Il faut les croire.
            Ils font bien
De me chasser de leur royaume et de leur gloire
            Comme un chien.

Leur royaume... Est-ce là ce qui me fait envie ?
            Ô mon Dieu,
Tu sais bien qu'il suffit d'un peu d'ombre à ma vie,
            Rien qu'un peu.

Que je n'ai pas besoin de gloire et presque même
            Pas besoin
De leur bonheur trop grand pour moi pourvu que
            Dans un coin.   [j'aime

Qu'on les loue à jamais, qu'à jamais on m'oublie,
   À jamais,
Puisqu'il faut que ta verge à leurs yeux m'humilie,
   Seigneur, fais !

Je n'ai pas mérité de fixer ma prunelle
   Sur leurs cieux :
Soit ! Éteins à jamais la lumière éternelle
   Dans mes yeux.

Je n'ai pas mérité d'entendre leur cantique :
   À jamais,
Soit ! jette sur mes sens un silence hermétique,
   Noir, épais.

Mais dans ton sein garde mon cœur à tout le monde
   Bien caché,
Comme un petit oiseau qui dans ta main profonde
   S'est niché.

Un grésil à tes pieds tombé de quelque globe,
   Un fétu,
Un duvet que le vent dans un pli de ta robe
   A perdu.

Je ferai si peu d'ombre, ô Dieu, dans ta lumière
   Que, bien sûr,
Les saints ne me verront pas plus qu'une poussière
   Dans l'azur.

Mais Toi qui me verras en Toi comme une tache,
   Nuit et jour,
Si j'offense ta vue, à son refuge arrache
   Mon amour.

Écarte-moi du pied ou plutôt sur mon âme,
        Peu à peu,
Efface mon péché. N'as-tu pas de la flamme
        Et du feu ?

Appelle la douleur, dis un mot, fais un geste,
        Seigneur, fais !
Fais-moi souffrir, nettoie en moi tout ce qui reste
        De mauvais.

Vite, ne laisse rien en moi qui te déplaise,
        Ô mon Roi !
Fais-moi vite souffrir mais viens dans la fournaise
        Avec moi.

1912.

Le Rosaire des joies

À monsieur Henri Bremond,
de l'Académie française
hommage respectueux.

ANNONCIATION

L'ange entra où elle était.

Luc, I, 28.

La Vierge Marie est dans sa maison.
Son petit jardin par la porte ouverte
Respire. Une abeille entre. La saison
Qui vient de très loin n'est pas encor verte.

L'air joue au soleil avec un fétu.
Je me suis assise à ton seuil, Marie,
Sur la marche tiède... Ô ma sœur, sais-tu
Si la fleur de Pâque est tantôt fleurie ?

. . . .

La Vierge Marie est penchée au bord
De son cœur profond comme une fontaine
Et joint ses deux mains pour garder plus fort
Le ciel jaillissant dont elle est trop pleine.

Marie, ô ma sœur, écoute... Est-ce pas
Midi qui s'approche ? Est-il temps que j'aille
Dénicher les œufs avant le repas
De ton vieil époux qui non loin travaille ?

Faut-il puiser l'eau, préparer le feu ?...
J'attends. Le matin sur mes mains sommeille.
J'ai peur de bouger, sœur, j'attends un peu
Que le doux moment endormi s'éveille.

J'attends... Je ne sais... Le poids du Printemps
Encore engourdi pèse à mes épaules.
Les bourgeons font mal aux pommiers. J'attends
Qu'il ait appelé les chatons des saules.

.   .   .   .

La Vierge Marie a fermé les yeux
Et voilé son cœur de ses deux paupières
Pour ne plus rien voir, pour entendre mieux
Un souffle qui fait trembler ses prières...

Un frisson le long du petit jardin
A couru... Qui vient ? La feuille nouvelle ?
Qui passe ?... Un oiseau sort du ciel. Soudain,
La graine des champs les sent partir d'elle.

Le vent sur le toit vient de rencontrer
Dessus un oiseau que l'azur apporte.
Qui vole ?... Le ciel a poussé la porte,
La porte a chanté, un Ange est entré.

Un Ange a parlé tout bas dans la chambre.
Toi seule, ô Marie, entends ce qu'il dit.
Toi seule dans l'ombre et le Paradis.
Il a semé Dieu tout grand dans tes membres.

Je ne l'ai pas vu. Mais en s'en allant
— J'étais sur le pas ému de la porte —
Il a laissé choir dans mon cœur tremblant
Un grain murmurant du Verbe qu'il porte.

Il a fait tomber à la place en moi
La plus ignorée et la plus profonde
Un mot où palpite on ne sait pas quoi,
Un mot dans mon sein pour le mettre au monde.

Ah ! comment un mot sortira-t-il bien
De moi que voilà qui suis peu savante ?
Mais le Saint-Esprit — je suis sa servante —
S'il veut qu'il me naisse y mettra du sien.

. . . .

La Vierge Marie est dans son bonheur.
La Vierge Marie est là qui se noie
Dans le miel de Dieu. L'épine est en fleur
Autour du jardin, autour de ma joie.

Il y a dans toi, Vierge, un petit Roi,
Ton petit enfant, un Dieu ! Trois ensemble !
Et nul ne s'en doute. Il y a dans moi
Un petit oiseau dont le duvet tremble.

Un oiseau secret qui bat étourdi
Dans le creux où j'ai l'âme la plus douce
Et déjà j'entends son aile qui pousse...
Midi ! le repas ! Rien n'est prêt... Midi !

Joseph va rentrer et ma mère crie...
Où mets-tu le bois ? Je souffle le feu.
— L'Ange aurait bien dû nous aider un peu —
Voici l'eau, le pain... Hâtons-nous, Marie !

VISITATION

En ce temps-là, Marie se levant,
s'en alla en hâte au pays des monta-
gnes.

Luc, 1, 39.

PRÉLUDE

La femme du charpentier
A pris un petit sentier
Qui va dans les fleurs et gagne
Un pays de la montagne
En suivant les églantiers.

Elle est partie au réveil,
Le cœur frais dans le soleil.
À peine elle ouvre sa porte
Que la joie au loin l'emporte
À travers l'été vermeil.

À sa cousine là-bas,
Elle apporte de ce pas
Sous son voile une nouvelle
Si merveilleuse, si belle,
Que c'est à n'y croire pas.

Son secret tremble et pourtant
Veut s'échapper à l'instant...
Les petits oiseaux qui vivent
Dans le bleu du ciel la suivent
Pour chanter en même temps.

Son chemin va tout entier
Se jeter dans l'amitié.
Le monde en fleurs l'accompagne...
Un toit, là, sur la montagne,
L'attend près du noisetier.

MAGNIFICAT

La vieille Élisabeth sur sa porte fleurie
File, écoutant des yeux les pas lointains du soir...
Voici par le sentier sa cousine Marie,
Celle de Nazareth, qui monte pour la voir.

Voici venir Marie avec sa grand'nouvelle :
Ce qui l'autre semaine est en elle arrivé...
Élisabeth la voit et court au-devant d'elle
Laissant rouler au vent son fil inachevé.

Dieu sait ce qu'elles ont toutes les deux ensemble
De pressant à se dire ! Et pourtant l'entretien
Leur manque tout à coup, la joie en elles tremble,
Leurs mots se sont perdus, elles ne disent rien.

Chacune va cherchant en elle une assurance
Avant de confier à l'autre sans délai,
Tout haut, cette espérance au-dessus d'espérance.
Est-ce bien vrai ?... Mon Dieu ! si ce n'était pas vrai !

Mais soudain le miracle a bougé dans leur âme,
Dans leurs corps ! Le silence autour a chancelé.
Elle, la jeune fille, elle, la vieille femme,
Tressaillent : leurs petits entre eux se sont parlé.

C'est impossible, ô Dieu ! C'est une rêverie...
Impossible ! Et pourtant plus vrai que tout, plus vrai
Que le soleil qu'on voit. Et le cœur de Marie
En a chanté comme un buisson au mois de mai.

Elle part, elle monte, elle a pris sa volée,
Elle monte et sans route arrive aux pieds de Dieu.
Elle chante, à jamais hors de terre en allée,
Elle chante, perdue au plus haut du ciel bleu

Et ne sachant plus rien, réalité, chimère,
Mensonge, vérité, raison ou déraison,
Sauf que son Dieu peut tout et qu'elle sera mère...

·   ·   ·   ·   ·   ·   ·   ·   ·   ·   ·   ·   ·   ·   ·   ·

Mais voici Zacharie au seuil de la maison.

SAINTE FAMILLE

Le temps passe devant la fenêtre fleurie...
Dans l'embrasure, Élisabeth, tournée au jour,
Tire de sa corbeille un bout de broderie,
Du linge, de la laine et du fil tour à tour.

Et la Vierge Marie assise en face d'elle,
Ayant de meilleurs yeux, coud à tout petits points
Des langes, des fichus, des béguins de dentelle
Dont pour en voir l'effet elle coiffe ses poings.

Ce faisant, sa cousine à mi-voix la conseille
Sur les soins qu'il faut prendre avec les nourrissons.
Marie à ses avis docile ouvre l'oreille
Mais son cœur au dedans lui chante des chansons.

Son cœur file sans fin, file une ritournelle,
Un air caché dont la douceur n'a pas de bout,
Autour de son petit qui dort au plus chaud d'elle.
C'est le long des ourlets de l'amour qu'elle coud

Sans relever les yeux si ce n'est par mégarde,
Le temps juste en tournant son ouvrage un petit
De sourire au vieillard muet qui les regarde
Après chaque verset qu'en sa Bible il relit.

Et si l'une des deux tâche pour quelque usage
D'atteindre sur la planche un pot qui semble lourd,
Il s'en aperçoit bien et, malgré son grand âge,
Ne la laisse pas faire et devant elle court.

. . . .

Le doux temps à pas lents conduit la maisonnée.
C'est à peine glissant d'heure en heure sans fin,
Si l'on entend couler la paix de la journée :
L'aube guette le soir, le soir rêve au matin.

Et depuis le matin les deux femmes bercées
Par l'horloge qui coud son cadran à points d'or,
Se hâtent, sans jamais être plus avancées,
D'achever, d'entreprendre et d'achever encor,

Jusqu'à ce que le soir enveloppé d'un voile,
Se faufilant en tapinois dans la maison,
Éteigne dans leurs mains la blancheur de la toile...
Le songe des labours flotte sur l'horizon,

Et le cœur alourdi de tout l'espoir qu'il porte,
Marie, Élisabeth et son bon vieil époux
Vont s'asseoir tous les trois sur le seuil de la porte,
Pleins d'ombre, sans parler, les mains sur les genoux.

Jusqu'au ciel vague au loin les champs vagues
                                                    [s'étendent
Où les étoiles d'or qui poussent vont fleurir.
Élisabeth est lasse et croit parfois souffrir.
Ils regardent le soir, ils rêvent, ils attendent.

CHANT DE LA VIERGE MARIE

MARIE

Je me hâte, je prépare,
Car nous entrons en Avent,
Je me hâte, je prépare
Le trousseau de mon enfant.

Joseph a taillé du hêtre
Pour sa couchette de bois ;

LES ANGES

Les Juifs tailleront du hêtre
Pour lui dresser une croix.

MARIE

J'ai fait de beaux points d'épine
Sur son petit bonnet rond ;

LES ANGES

Nous avons tressé l'épine
En couronne pour son front.

MARIE

J'ai là des drapeaux de toile
Pour l'emmailloter au sec ;

LES ANGES

Nous avons un drap de toile
Pour l'ensevelir avec.

MARIE

Un manteau de laine rouge
Pour qu'il ait bien chaud dehors ;

LES ANGES

Une robe de sang rouge
Pour lui couvrir tout le corps.

MARIE

Pour ses mains, ses pieds si tendres,
Des gants, des petits chaussons ;

LES ANGES

Pour ses mains, ses pieds si tendres,
Quatre clous, quatre poinçons.

MARIE

La plus douce des éponges
Pour laver son corps si pur ;

LES ANGES

La plus dure des éponges
Pour l'abreuver de vin sur.

MARIE

La cuiller qui tourne, tourne,
Dans sa soupe sur le feu ;

LES ANGES

La lance qui tourne, tourne
Dans son cœur. Un rude épieu.

MARIE

Et, pour lui donner à boire,
Le lait tiède de mon sein ;

LES ANGES

Et, pour lui donner à boire,
Le fiel prêt pour l'assassin.

MARIE

Au bout de l'Avent nous sommes,
Tout est prêt, il peut venir...

LES ANGES

Tout est prêt, tu peux venir,
Ô Jésus, sauver les hommes.

1911.

NOËL ET MORALE AUX MAISONS
SUR LA PRUDENCE

Les Maisons de Bethléem
Ont allumé leurs chandelles.
La place de Bethléem
Mène grand bruit devant elles.
Des gens, là, des haridelles,
Il en vient ! De gros seigneurs,
D'autres sans cérémonie,
Il en vient de Béthanie,
De Rama, d'Hébron, d'ailleurs.

UN AUBERGISTE

« À ta broche, marmiton !
Vaurien, c'est le temps peut-être
De bayer à la fenêtre !
Mets l'oie au feu... Le dindon
Est-il plumé ?... Me l'a-t-on
Vidé, flambé ?... Qu'on m'épluche
Deux oignons, un ail, du thym...
L'ail est sur le plat d'étain
À gauche, là, dans la huche.

Vite ! Nous traitons ce soir
Le Recenseur de l'Empire,
Ses scribes, ses gens... Va voir
Si huit bancs vont nous suffire
Ou neuf pour les faire asseoir.
Ne chichez pas la lumière
Sur la table... Ses amis
Descendent chez moi. J'ai mis
Le reste loger derrière.

Tout est plein. Pour les valets,
La paille dans l'écurie
Est assez bonne... Marie !
Fermerez-vous ces volets !
Ces gueux qui flairent, qui mangent
De là dehors mes poulets
Et mes tourtes me dérangent.
Fermez la porte... Qui vient ?...
Sont-ce nos hôtes ?... Non, rien.

Ce n'est qu'un âne qui passe,
Un vieux, une femme lasse. »

UNE FEMME

« Je cours — Bonsoir les voisins ! —
Chez le rôtisseur. J'héberge
Cette nuit-ci trois cousins.
L'autre descend à l'auberge.
Mais c'est Simon que voici ?
— C'est moi ! L'oncle Adam, j'espère,
Se porte bien ? — Dieu merci !
Vous le verrez. Le vieux père,
Dame ! il s'est bien rétréci.

— La petite ? — Mariée.
— Déjà ? Seigneur, le temps fuit ! —
— Je suis bien contrariée
Si par hasard cette nuit
Juste à son terme elle accouche.
Pour mieux faire elle attendra.
À peine — quel embarras !
J'ai des parents que je couche —
S'il me reste un ou deux draps.

La sage-femme a du monde.
J'entends qu'on se réjouit
De porte en porte à la ronde.
Tous ceux qui sont du pays
Y rentrent pour qu'on les compte.
L'un ou l'autre à chaque pas,
On les rencontre... Là-bas,
Par la ruelle, qui monte ?...
Des gens qu'on ne connaît pas.

Ce n'est qu'un âne qui passe,
Un vieux, une femme lasse. »

UN BOURGEOIS

« Marthe, ma fille, avez-vous
À la nuit fermé la porte ?
Mis la barre ? les verrous ?
Tout est clos ? C'est sûr ? N'importe,
J'y retourne voir. Pour peu
Qu'un de ces gens sans aveu
Dont nous avons plein la ville
Dans la maison se faufile,
Il y mettrait bien le feu.

Serrez le bois, la javelle,
La volaille. Ayez bien soin
Surtout d'enlever l'échelle
Devant le grenier à foin.
C'est fait ? Laissez que je voie...
Là derrière, à la Lamproie,
Entendez ce train qu'ils font !...
Qui vient là ?... Le chien aboie...
Qui ? Pas grand'chose de bon.

Qui ?... C'est un âne qui passe,
Un vieux, une femme lasse. »

    . . . .

Au bout des faubourgs là-bas,
Hors de ville est la chaumine
À tout le monde. Un bœuf las
Y dort — ou bien il rumine —
Entre là qui veut. Les fous,
Les rôdeurs, les rien qui vaille,
Les faiseurs de mauvais coups
Par terre ont usé la paille
Et laissé dedans leurs poux.

Le vent de la nuit déserte
Y pénètre tout transi.
La porte en est grande ouverte,
Les murs et le toit aussi.
Mais qui donc s'arrête ici,
Ce soir ?... Une femme lasse,
Un vieux, un âne peureux...
Il ne reste pas de place
Sous les autres toits pour eux.

Pour loger à la froidure
Ils ne sont guère exigeants.

Ils n'ont pas belle figure,
Ils n'ont pas beaucoup d'argent ;
Ils n'ont pas grand'couverture.
Mais ô ciel ! quelle aventure !
Voici qu'en ce pauvre lieu,
Ces pauvres gens sur la dure
À minuit ont couché Dieu.

Dieu, le Roi des Cieux, qui passe
Sa nuit sur la terre basse.

MORALE

Maisons apprenez ce soir
À n'être pas tant prudentes,
Tant closes au chemin noir.
Vous en serez plus contentes.
Dieu vient on ne sait pas d'où :
La porte ouverte au filou
Qui cherche à remplir son ventre,
Peut-être qu'à pas de loup
Un soir c'est par là qu'Il entre.

Maisons, toutes, apprenez
À ne pas être tant pleines.
Gardez pour Dieu nouveau-né
Qu'un pas obscur vous amène,
Gardez un vide, un endroit
En vous derrière la fête,
Un peu de silence étroit
Pour que dedans Il s'arrête
Au lieu de passer tout droit,

Gardez un petit espace,
Ô Maisons, pour Dieu qui passe.

NOËL DES VIEILLES FILLES

LES ANGES

À la minuit passée endormez-vous Jésus.
        Avant que l'aurore
Ne bouge, endormez-vous. Les bergers sont venus,
        Les rois pas encore.
        Dormez vite, il en est temps,
            Et dormez Marie...
        Mais qui frappe ?... Bonnes gens,
            Entrez je vous prie.

LES TROIS VIEILLES FILLES

Trois vieilles filles, trois, nous arrivons ici,
        Portant trois lumières,
Pour adorer l'Enfant... Ô Vierge, nous voici,
        De tous les derniers ;
        Nous voici d'un tel retard
            Bien humiliées,
        Las ! les autres au départ
            Nous ont oubliées.

Sans nous la ville en fête à minuit s'en alla.
                    Nous n'osions, chacune,
Venir seule, entrer seule... À la fin nous voilà
                    L'une amenant l'une,
                    Nous avons fait peu à peu
                    Le chemin ensemble
                    Pour voir notre petit Dieu...
                    Pauvret, comme il tremble !

Pouvons-nous le toucher du bout du doigt ? — Nos
                    Tâtez-les, sont tièdes —   [doigts,
C'est nous, petit Jésus, c'est nous, trois filles, trois,
                    Si pauvres, si laides
                    Que nul n'a voulu jadis
                    Nous prendre pour femme.
                    L'époux, passe ! C'est un fils
                    Qui manque à notre âme.

Et quand vous détournant, Mère, pour qu'au regard
                    L'ombre vous dérobe,
Timidement vous entrebâillez à l'écart
                    Votre pauvre robe
                    Pour allaiter votre enfant
                    Affamé qui crie,
                    Malgré nous le cœur nous fend :
                    Ça nous fait envie.

Ô vous que l'Éternel entre toutes choisit
                    Quand, las de vengeance,
Il voulut choir sur terre et se faire petit,
                    Pour vous quelle chance,
                    Sans le secours d'un mari,
                    Sur un mot du Verbe,
                    De mettre au monde ébahi
                    Ce petit superbe !

Laissez-nous le border et lui glisser les mains
    Sous la couverture.
Il neige sur le toit, le vent court les chemins,
    La saison est dure.
      Si l'enfant est mal couvert,
      Sûr ! par cette brume,
      Sûr ! il va, pour tout l'hiver,
      Attraper un rhume.

Ah ! si vous nous preniez afin d'en avoir soin
    À votre service !...
Prenez-nous. Ici-bas personne n'a besoin
    De notre humble office.
      S'il suffit d'un cœur fervent,
      Bien que peu savantes,
      Nous ferons au Saint Enfant
      De bonnes servantes.

Pour le seul gain de vivre en un coin quelque part
    Dans son entourage,
Nous vous ferons, nous levant tôt, nous couchant
    Le plus gros ouvrage :   [tard,
      Nous irons, au petit jour
      Luisant de gelée
      Fendre du bois dans la cour
      Sans craindre l'onglée ;

Nous vous allumerons dans la salle un bon feu
    Qui luit et crépite ;
Nous laverons par terre en gros tablier bleu ;
    Nous courrons bien vite,
      L'une au puits emplir son seau,
      L'autre à la laitière ;
      Nous mettrons chauffer de l'eau
      Dans une chaudière ;

Et quand vous changerez votre petit tantôt,
          Près de l'âtre assise,
Pièce à pièce, nous vous tendrons son linge chaud,
          Drapeaux et chemise ;
          S'il le faut jusques au soir
          Chantant ses louanges,
          Nous resterons au lavoir
          À laver ses langes.

Et nous le garderons, s'il vous plaît, toutes trois,
          Pour vous être utiles,
Le chantant, le berçant, l'amusant, quand parfois
          Vous irez en ville...
          Mais vous n'avez pas besoin
          De trois étrangères
          Que vous ne connaissez point
          Pour vos ménagères.

Le nécessaire ici se fera bien sans nous
          Et sans notre zèle,
Sans que du sort qu'un Dieu prépare exprès pour vous
          Notre main se mêle ;
          S'il vous faut de l'eau, du feu,
          Du pain, quelques langes,
          Pour vous servir en tout lieu
          Vous avez les Anges !

Et nous sommes de trop comme autre part chez vous,
          Ô Sainte Famille !...
Adieu Marie, adieu Jésus, priez pour nous,
          Pour trois pauvres filles,
          Plus vaines, rebut flétri
          Des maisons bénies,
          Que, sur un pommier fleuri,
          Trois feuilles jaunies...

LA VIERGE

Allez-vous-en, mes trois filles. Toutes les trois,
      En quittant l'étable,
Retournez à la messe, approchez, ô cœurs droits,
      De la Sainte Table :
      Là, chacune aura l'Enfant,
        — La chose est réelle —
      L'Enfant vrai, l'Enfant vivant,
        Son Enfant pour elle.

Dans votre cœur bien chaud, couchez ce nourrisson,
      Qu'il dorme à cette heure.
Dans votre cœur bien doux, chacune à sa façon,
      Chantez-le, s'il pleure ;
      Bercez-le toute la nuit
        Et pour qu'il repose,
      Chut ! ne faites pas de bruit
        Dans votre âme close.

LES TROIS FILLES

Ô Jésus ! Roi des Cieux ! Empereur triomphant
      Du monde, qu'entends-je !
Y pensez-vous, mon Dieu ? Vous faire notre enfant !
      Quel mystère étrange !
      Il faut bien — Vous l'avez dit —
        Seigneur, qu'on vous croie...
      Ô mon petit, mon petit,
        En nous quelle joie !

On voit bien que vous êtes Dieu ! L'homme sans fin
      Se creuse la tête
Pour trouver un remède à ses peines. En vain
      Se met-il en quête,

Il cherche, il ne trouve rien.
Vous, paupières closes,
Vous voyez le bon moyen
D'arranger les choses.

Vous seul savez donner, juste selon leurs goûts,
Ce qu'il faut aux âmes,
Juste à chacun sa joie... À nous, un fils ! À nous,
Comme aux autres femmes !
Ô mon petit, mon petit,
L'allégresse folle
Danse à travers notre esprit,
Tout le ciel y vole,

La nuit en fête y sonne, y chante, y joue, y rit
Avec ses étoiles !
— Jésus, êtes-vous bien en nous, mon cher petit ? —
En nous, sous nos voiles,
Nos cœurs clairs, légers et doux
Ainsi que des cierges,
Rayonnent autour de Vous,
Jésus fils des Vierges !

Noël 1910.

IMAGE POUR
LE JOUR DES ROIS

Pour Robert Louis
qui a reçu le don d'enfance.

Il était trois grands rois jadis
Qu'une étoile du Paradis
Un soir mena jusqu'au lieudit
Où le Seigneur était petit.

Ils partirent pour voir l'Enfant,
Montés sur leurs trois éléphants.
Un nègre en pantalons bouffants
Jouait de la flûte devant.

Derrière allaient deux nains jumeaux
En balançant de grands plumeaux...
Ils traversèrent les hameaux,
Suivis de trente-trois chameaux.

Ils passèrent de bourg en bourg,
Précédés de quatre tambours,
S'interrogeant aux carrefours
De peur de marcher à rebours.

Mais à l'Étable droit conduits,
Ils arrivèrent à minuit
Non sans faire quelque grand bruit...
Saint Joseph entrebâilla l'huis.

Ceints de pourpre qui resplendit,
Ils entrèrent. La Vierge dit :
« Prenez garde, Sires hardis,
De faire peur à mon petit. »

Mais les trois Rois, très bas, très doux,
Baissant le front, ployant le cou,
Se prosternèrent tout d'un coup
Disant : « Ayez pitié de nous. »

Et dans leurs trésors ayant pris,
Ils offrirent à Jésus-Christ
L'or, l'encens, le myrrhe prescrits
Plus un don qui n'est pas écrit :

La galette dorée au lait
Où leurs Reines dans leurs palais
Ont pétri farine, œufs, sel et
La fève sans dire où elle est.

Lors tout riant le petit Dieu
De les voir si beaux, si pieux,
Leur fourra son doigt dans les yeux
Et tira la barbe au plus vieux.

Et le vieux Roi barbu, savant,
Et grave, et triste bien souvent
D'avoir souffert à tous les vents
Aussitôt redevint enfant.

Et quoique ayant eu des malheurs
Après — tous les Rois ont les leurs —
Ce Sire, malgré maux et pleurs,
Mourut à cent ans l'âme en fleur.

PRIÈRE

Veuille, ô Jésus, nous qu'ont raidis
Le temps passé, les ans partis,
Comme lui nous garder petits
Jusqu'aux portes du Paradis.

Amen !

BERCEUSE DE LA MÈRE-DIEU

À mon frère, Pierre Rouget.

Mon Dieu qui dormez faible entre mes bras,
Mon enfant tout chaud sur mon cœur qui bat,
J'adore en mes mains et berce étonnée,
La merveille, ô Dieu, que m'avez donnée.

De fils, ô mon Dieu, je n'en avais pas.
Vierge que je suis, en cet humble état,
Quelle joie en fleur de moi serait née ?
Mais Vous, Tout-Puissant, me l'avez donnée.

Que rendrai-je à Vous, moi sur qui tomba
Votre grâce ? Ô Dieu, je souris tout bas
Car j'avais aussi, petite et bornée,
J'avais une grâce et Vous l'ai donnée.

De bouche, ô mon Dieu, Vous n'en aviez pas
Pour parler aux gens perdus d'ici-bas...
Ta bouche de lait vers mon sein tournée,
Ô mon fils, c'est moi qui te l'ai donnée.

De main, ô mon Dieu, Vous n'en aviez pas
Pour guérir du doigt leurs pauvres corps las...

Ta main, bouton clos, rose encor gênée,
Ô mon fils, c'est moi qui te l'ai donnée.

De chair, ô mon Dieu, Vous n'en aviez pas
Pour rompre avec eux le pain du repas...
Ta chair au printemps de moi façonnée,
Ô mon fils, c'est moi qui te l'ai donnée.

De mort, ô mon Dieu, Vous n'en aviez pas
Pour sauver le monde... Ô douleur ! là-bas,
Ta mort d'homme, un soir, noire, abandonnée,
Mon petit, c'est moi qui te l'ai donnée.

1931.

CANTIQUE DU PAIN

... Bethléem, la Maison du Pain.

La Boulangère en son logis pieux,
Avril venant reçut le grain de Dieu.
L'a mis à l'ombre en son humble grenier.
L'a serré là pendant neuf mois entiers.

LE CHŒUR

« Faites-nous le Pain,
Marie, ô Marie !
Faites-nous le Pain,
Car nous avons faim. »

La Boulangère a pris un long chemin
Pour s'en aller à la Maison du Pain.
Pour le pétrir elle a peiné la nuit.
L'a mis au monde environ la minuit.

LE CHŒUR

« Cuisez-nous le Pain,
Marie, ô Marie !
Cuisez-nous le Pain,
Car nous avons faim. »

L'a cuit trente ans au feu de sa maison,
À la chaleur de sa belle saison,
À la douceur de son cœur le plus doux,
Le tendre Pain, le Pain blond, le Pain roux.

LE CHŒUR

« Portez-nous le Pain,
Marie, ô Marie !
Portez-nous le Pain,
Car nous avons faim. »

Après trente ans, l'ayant du four ôté,
Son fils unique en ville l'a porté
À tous les gens affamés d'alentour,
Le Pain nouveau, le Pain tout chaud d'Amour.

LE CHŒUR

« Servez-nous le Pain,
Marie, ô Marie !
Servez-nous le Pain,
Car nous avons faim. »

Pour trente sols le marchand l'a vendu.
Pour trente sols mille dents l'ont mordu
Au grand repas qui fut un vendredi
Servi pour l'homme à l'heure de midi.

LE CHŒUR

« Livrez-nous le Pain,
Marie, ô Marie !
Livrez-nous le Pain,
Car nous avons faim. »

Mais quand l'a vu meurtri, rompu, détruit
Le Pain vivant qu'elle avait fait de nuit,
Comme un agneau par les loups dévoré,
La Boulangère en grand deuil a pleuré.

LE CHŒUR

« Pleurez sur le Pain,
Marie, ô Marie !
Pleurez sur le Pain,
Car nous avons faim. »

CHANDELEUR

Les gens et leur destin
S'en vont tenant un cierge,
Les gens et leur destin
Dans le petit matin,

S'en vont menant dehors
La flamme dans la cire,
S'en vont menant dehors
Leur âme dans leur corps.

Les gens du genre humain,
— Où commence la route ? —
Les gens du genre humain
Tournent sur le chemin.

Tournent autour de Dieu,
Leur chandelle allumée,
Tournent autour de Dieu
Qui regarde au milieu.

. . . .

La mère va devant
Avec son sacrifice,

La mère va devant
Qui présente l'enfant.

Elle apporte le fruit
De sa chair matinale,
Elle apporte le fruit
De sa douleur de nuit.

Le père a dans la main
Le poids de son offrande,
Le père a dans la main
Le prix d'un peu de pain.

La vieille qui n'a rien
Que le petit des autres,
La vieille qui n'a rien
Le leur prend et le tient.

Le vieux las et branlant
Dont le pas s'ensommeille,
Le vieux las et branlant
L'accompagne en tremblant.

À Dieu qui ne peut pas
Sans l'homme faire d'homme,
À Dieu qui ne peut pas,
Ils portent dans leurs bras

Le sang qu'ils ont donné,
L'œuvre de leur poussière,
Le sang qu'ils ont donné,
Le fils qui leur est né.

Portent l'enfant en fleur
Qui sera courte joie,
Portent l'enfant en fleur
Qui sera grand'douleur.

L'enfant qu'il faut nourrir
Pour le conduire vivre,
L'enfant qu'il faut nourrir
Pour le mener mourir.

. . . .

Les gens sur le chemin
— Le jour y voit à peine —
Les gens sur le chemin
Tournent, le cierge en main,

Et lentement s'en vont
À Dieu — La flamme tremble —
Et lentement s'en vont
À Dieu. La cire fond.

Ils passent devant Lui
— Un cierge, puis un cierge —
Ils passent devant Lui
Tout le long d'aujourd'hui.

Et Dieu, prêtre éternel
De la cérémonie,
Et Dieu, prêtre éternel
Qui descend de l'autel,

Leur reprenant des mains
La flamme avec la cire,
Leur reprenant des mains
Leurs cierges pour demain.

Dieu, dans le faible jour,
Par le vent de sa bouche,
Dieu, dans le faible jour,
Les éteint tour à tour.

Et nul ne sait plus où,
Quand Dieu les a soufflées,
Et nul ne sait plus où
Les âmes sont allées.

LES ENFANTS AU TEMPLE

> *Pourquoi me cherchiez-vous ? Ne savez-*
> *vous pas qu'il faut que je sois aux choses de*
> *mon père ?*
>
> Luc, II, 49.

Jésus, mon doux petit compagnon,
Que faisons-nous si tard dans la ville ?
Tous nos parents sont partis. Gagnons,
Vite, gagnons le chemin tranquille
Qui dans le soir les emmène... Jésus,
Il tourne, il s'en va... Je ne les vois plus.

Je t'ai suivi tout le jour. Je suis
Le plus petit et toi le plus sage.
Mais où vas-tu quand tu nous conduis,
Jésus, Jésus au hardi visage,
Loin des tiens pendant qu'ils nous croient soumis ?
Loin d'eux, tout seuls, sans qu'on nous l'ait permis ?

Jésus qui fais ce qu'on nous défend,
Qui m'a donné le mauvais exemple,
Jésus, Jésus, dangereux enfant,
Que faisons-nous si tard dans le Temple ?
Les vieux, les savants y parlent de Dieu.
Que faisons-nous là ? Partons, il vaut mieux.

Ah ! je sais bien que ton Père y est,
   Qu'Il te confie une grande affaire...
Va rassurer Joseph inquiet,
   Le Père ici t'attendra... Diffère
De le servir, va d'abord rassurer
Ta mère au loin qui commence à pleurer.

   Ne livre pas ta mère au souci
   Quand Dieu se met contre elle et t'attire...
Jésus ! je crois qu'Il m'appelle aussi
   Quoiqu'Il n'ait pas grand'chose à me dire :
Un céleste rien, un brin des chansons
Dont le Paradis a plein ses buissons.

   Mais pour si peu s'Il avait besoin
   De m'emprunter ma petite bouche,
Faut-il s'Il n'a que mon cœur au loin
   D'assez tremblant pour ce jeu de mouche,
Qu'un air de Dieu qu'on n'a pas entendu,
Faute de moi soit à jamais perdu ?

   Père, je viens ! Père, je suis là !
   Dans mon cœur vide où nul ne travaille,
Votre chanson, Père, jetez-la...
   Mais non, plutôt, Père, il faut que j'aille
Rejoindre ma mère. Elle n'a plus d'eau
Et ne peut sans moi remonter le seau.

   Nos père et mère — Et Vous le voulez —
   Nous vont menant où la douce route
De notre cœur n'aime pas aller...
   Mais la Loi dit : « S'ils parlent, écoute ! »
Leur chemin est bon. Je suis un mauvais
Si je prends le mien... Jésus, je m'en vais.

Je fuis quand Dieu qui se penche au bord
M'allait semer des ailes dans l'âme.
Et quand à Lui je reviendrai mort
Plus n'entendrai de Lui que son blâme :
« Je t'ai cherché, je ne t'ai pas trouvé.
L'oiseau que j'avais pour toi s'est sauvé. »

— Ah ! répondrai-je, ah ! saviez-vous pas,
Père des cieux, que j'avais à faire
L'œuvre des miens qui sont ici-bas ?
À travailler au champ de mon père ?
À servir ma mère, à prêter mon dos
Au bois qui la charge, à tous ses fardeaux ?

Voyiez-vous pas mon sentier ? Pourtant
Vous me tiriez par le cœur dans l'ombre.
Je vous suivais... Mais au même instant
Ma sœur pleurait, pâle en son lit sombre ;
Mon frère est tombé... Pouvais-je, mon Dieu,
Les laisser là seuls dans leur pauvre lieu ?

Ceux qui m'ont là pour s'aider de moi
Quand vient le mal — et le bien de même —
Ceux qui m'ont là pour s'ôter l'effroi
Quant vient le noir où l'ennemi sème,
Père, ceux à qui vous m'avez donné,
Pouvais-je en chantant les abandonner ?

Pouvais-je, ceux que vous avez mis
Pour enfermer mon âme à la ronde
Et l'empêcher de voler parmi
Vos pays d'ange au-dessus du monde,
Pouvais-je, ô Dieu, comme un saint, comme un roi,
Les repousser ? Ayez pitié de moi,

Je n'ai pas pu. Je suis resté pris
Entre leurs maux comme dans la trame
De l'araignée un moucheron gris...
Jésus ! Jésus ! si j'avais ton âme,
Je veillerais dans le Temple, au Conseil,
Mais je ne suis pas, Seigneur, ton pareil.

Demeure, Toi ! C'est ici ton lieu,
Toi qu'à minuit l'Étoile a vu naître.
Toi, tu sais bien que tu seras Dieu,
Toi, tu sais bien que c'est toi le Maître
De tes parents, toi, la source du Bien,
Tandis que moi, Seigneur, je ne suis rien.

La Vérité que ton Père dit,
Tu l'as, tout bas, plus haute entendue
Que la lumière en plein Paradis,
Tandis que moi, l'âme au vent perdue,
Si c'est du ciel que me tombe l'azur
Qui tremble en moi, je n'en suis pas trop sûr.

Qu'est-ce à tes pieds que ce frêle bleu ?
Je ne vaux pas pour si peu la peine
De me garder seulet avec Dieu
Comme un trésor. L'eau de ma fontaine
N'est pas d'un prix à la retirer loin
Quand de m'user tous mes gens ont besoin.

Va droit, Jésus, de ton pas divin !
Mais tu m'as dit : « Fais le chemin double
Avec ceux-là qui t'ont pris la main
Pour se conduire à travers leur trouble. »
Je marche avec eux l'hiver et l'été,
Je ne peux plus en mon Dieu m'arrêter.

Je ne peux plus que battre du cœur
Au seuil du Temple et m'éloigner vite.
M'en voudras-tu ? Je fais, ô Seigneur,
Si peu de tort à Dieu que je quitte :
Une chanson, du ciel qui joue, un rien,
Du bec d'un merle elle sortira bien.

La feuille au bois, le brin haletant
Qui danse au vent sauront le mystère
Que me dirait, si j'avais le temps,
Dieu qui s'amuse au bord de la terre.
Rien de son bonheur ne sera perdu
Que la part de moi... rien. M'en voudras-tu ?

Un autre enfant plus habile, un jour,
Rattrapera par l'aile ma joie.
Rien ne sera perdu que mon tour
D'être poète... À moins qu'en ma voie,
L'ombre où chacun me tire par son fil,
Dieu ne me suive et souffle.

Ainsi soit-il !

MARCHE DES RAMEAUX

À Raymond Escholier.

L'ânesse du Roi Jésus
Chemine à travers la ville,
Chemine d'un pas tranquille.
Jésus est monté dessus.

Son petit ânon la suit
À regret, baissant la tête,
À travers la ville en fête.
Il tremble, il a peur du bruit.

Jésus, fils de David que pousse dans la gloire
La grand'clameur du peuple accouru par ici,
Aidez-moi ! Je passais et — j'ai peine à le croire —
L'aile d'un hosannah vient de m'atteindre aussi.

Des gens au petit jour trouvant mon âme ouverte
Y sont entrés soudain avec un cri joyeux.
Ils regardent en moi comme une découverte
Qu'ils ont faite et j'ai peur, prise dans tous leurs yeux.

Sous les pas du Roi Jésus,
Les enfants jettent des palmes,
Des rameaux et lente, calme,
L'ânesse marche dessus.

Mais l'un au hasard lancé
Vient de tomber sur la route
De l'ânon... Il tremble, il doute,
Il n'ose plus avancer.

Jésus, Roi d'Israël, triomphateur paisible,
Aidez-moi ! Je ne sais presque plus où je vais
Depuis que m'a touchée un grand cœur invisible
Sur ce trop beau chemin bon peut-être... ou mauvais.

J'ai peur. Ah ! prenez-moi — je suis de peu de charge —
Jésus, pour traverser la place devant tous,
Prenez mon ombre et moi qui n'en menons pas large
Sur le petit ânon tout à côté de vous.

L'ânesse va d'un pas lourd
Sous le poids du Roi du monde,
Mais l'ânon qu'en vain je gronde,
Frrt ! voilà l'ânon qui court !

L'ânon avec moi dessus
Qui part, danse de la tête
Et rit des pattes... Arrête !
Arrêtez-le donc, Jésus !

Paix là ! Quand d'aventure une trop belle joie
Repousse les jours noirs d'un coup de son pied gai,
Il ne faut pas qu'ô Dieu ! tout à fait on la croie
Et qu'on parte être heureux comme si c'était vrai.

Ce cœur de l'homme à moi volant de branche en
[branche,
Ce n'est qu'un cœur de vent que le vent va chasser.
Ah ! ne cours pas ! Ce n'est qu'un trop fuyant
[dimanche,
Ce n'est rien qu'un moment de bonheur à passer.

L'ânesse que Dieu conduit
À travers la ville étroite,
Tourne à droite, à gauche, à droite,
Et, docile, l'ânon suit.

L'ânon suit sans savoir où
Dieu sur l'âne et la cohue
Qui montent la belle rue...
On voit le Calvaire au bout.

Seigneur, où vous passez il faut bien que je passe,
Mais où nous menez-vous l'un et l'autre ? J'ai peur.
Et dans mon âme au loin s'ouvre une immense place
Qui va le jour prochain se remplir de douleur.

La place où je mourrai quand ce cœur dans la foule
Qui crut en moi, perdant tout à l'heure sa foi,
Suivra sa pente, ailleurs comme une eau qui s'écoule
Et se retirera goutte à goutte de moi.

Allons l'âne ! Le chemin
Est long. Le peuple s'apaise.
Le dernier rameau lui pèse
Et lui tombe de la main.

Il se fait tard... Qui l'a dit ?...
L'un — puis l'autre — se retire
L'un — puis l'autre — sans rien dire...
Où seront-ils vendredi ?

Le soir tombe... Ô Jésus qui gagnez Béthanie
Pour vous mettre à l'abri chez trois fidèles gens,
Montrez-moi quelque part la retraite bénie
Où je ne craindrai plus les bons ni les méchants.

Ouvrez-moi loin de tous et hors de la lumière
Un cœur sûr, si profond qu'on ne m'y verra plus,
Où j'irai pour toujours me cacher tout entière...
Vous descendez de l'âne ? Arrivons-nous, Jésus ?

> L'hôtesse apporte du foin
> À l'ânesse. Sur la paille,
> L'ânon doucement tressaille
> Au chaud dans un petit coin.
>
> Dans l'ombre, du bruit encor
> Le poursuit, sa tête sonne...
> La paix l'entoure... il frissonne...
> Il ferme les yeux... il dort.

1922.

LE ROSAIRE DES JOIES

Table   209

DERNIÈRES PARUTIONS

Ce volume,
le cent quatre-vingtième de la collection Poésie,
composé par SEP 2000,
a été achevé d'imprimer sur les presses
de l'imprimerie Bussière à Saint-Amand (Cher),
le 11 septembre 1995.
Dépôt légal : septembre 1995.
1ᵉʳ dépôt légal dans la collection : octobre 1983.
Numéro d'imprimeur : 2412.
ISBN 2-07-032246-7. / Imprimé en France.

74490